Etchi Assam Edwin Etengeneng

Criação de um Sistema Informatizado de Gestão de Manutenção

Etchi Assam Edwin Etengeneng

Criação de um Sistema Informatizado de Gestão de Manutenção

ScienciaScripts

Imprint

Cover image: www.ingimage.com

This book is a translation from the original published under ISBN 978-620-2-31163-2.

Publisher:
Sciencia Scripts
is a trademark of
Dodo Books Indian Ocean Ltd. and OmniScriptum S.R.L publishing group

120 High Road, East Finchley, London, N2 9ED, United Kingdom
Str. Armeneasca 28/1, office 1, Chisinau MD-2012, Republic of Moldova, Europe
Managing Directors: Ieva Konstantinova, Victoria Ursu
info@omniscriptum.com

Printed at: see last page
ISBN: 978-620-8-38576-7

DEDICAÇÃO

Este trabalho é dedicado a:

Os meus pais, Sr. Etehi Shadrack Ayuk e Sra. Etehi Roseline

Etengeneng

E para:

Taaghor Orang fry de memória Hessed.

AGRADECIMENTOS

Quero, antes de mais, reconhecer e agradecer ao Senhor Deus Todo-Poderoso pela força, conhecimento e sabedoria que me deu e também pelas necessidades que me proporcionou durante o período de estágio.

Um grande obrigado a todo o corpo de funcionários da ENSAI pelos conhecimentos que me transmitiram durante os 36 meses de formação.

Devo agradecer à direção da HYSACAM Limbe e muito especialmente ao gerente da filial, Sr. Kwendjeu Rostand, por me ter dado a oportunidade de realizar este estágio industrial na sua filial da empresa. Devo agradecer ao meu supervisor industrial Sr. Nini Melchiade e aos supervisores académicos Dr. Tieudjo Daniel e Prof. Tibi Beda pela sua orientação na realização deste trabalho. O Sr. Mbatti Sanda Oumarou do serviço de exploração da HYSACAM e os meus colegas de estágio Sr. Medou Ebolo J. B. e Sr. Ojong Brian não ficam de fora.

Aproveito este meio para agradecer muito à Nveindea Severin pela sua ajuda na instalação do sistema.

Estou particularmente grato à minha família pelo amor e carinho que me dedicaram e também pelo seu apoio moral, material e financeiro. O pai (Sr. Etchi Shadrack), a mãe (Sra. Etchi Roseline), os meus irmãos e irmãs (Valery, Hubert, Lionel, Solange e Damarice), agradeço-vos e que Deus continue a derramar sobre vós as suas inúmeras bênçãos.

O apoio incomensurável do Sr. Ashu Takumbi, Ashu Agnes, Takang Bridgette, Rose-Mary Bessem foi simplesmente fantástico. Muito obrigado!

O apoio incondicional dos meus tios Etchi-Arrey Nkongho, Etchi-Arrey Agbor, Orock Martin e respectivas famílias, das minhas tias Ma Maria Takang e Frida Etchi Heiminge, dos meus primos Big Etchi e família, do tio Ashu e família, da irmã Ernestine Takang deixou-me indiferente. Obrigado pelo vosso amor e bondade e que Nosso Senhor Jesus Cristo vos abençoe infinitamente.

A todos os outros familiares e amigos cujos nomes não constam aqui, o vosso apoio foi simplesmente maravilhoso.

Não posso esquecer os meus colegas do MIP 3 e toda a comunidade anglófona da Universidade de Ngaoundere. Que Deus vos abençoe a todos.

Obrigado a todos e que o Senhor Jesus vos abençoe abundantemente.

ÍNDICE DE CONTEÚDOS

LISTA DE ABREVIATURAS

AFNOR: Association Française de la Normalisation.

BAC : Benne à Compaction.

BOM: Benne à Ordure Ménagère.

CAD: Computer-aided Design.

CMMS: Computerized Maintenance Management System.

EAM: Enterprise Asset Management.

EMCS: Energy Management and Control System.

ENSAI: National advanced School of Agro-industrial Sciences.

FMEA: Failure Modes and Effects Analysis.

GIS: Geographical Information Systems.

GMAO: Gestion de la Maintenance Assistée par Ordinateur.

HYSACAM: Hygiène et Salubrité du Cameroun.

MCD: Data Conceptual Model.

MCT: Data Processing Model.

MLD: Logical Data Model.

MRO: Maintenance, Repair and Operations.

MS: Microsoft.

MTBF: Mean-time-between-failures.

MTTF: Mean-time-to-failure.

OEE: Overall equipment Effectiveness.

OS: Operating System.

PC: Personal Computer.

PC: Porte-coffres.

PDA: Personal Digital Assistant.

PM: Preventive Maintenance.

RCM: Reliability-centered Maintenance.

SQL: Structured Query Language

TPM: Total Productive Maintenance.

VDP: Ville de Paris.

PREÂMBULO

A Escola Nacional Superior de Ciências Agro-industriais, conhecida na sua sigla francesa como ENSAI, é uma das escolas da Universidade de Ngaoundere criada pela reforma universitária de janeiro de 1993. Tem como missão:

> A formação de engenheiros de alto nível nos domínios de:

  - > Engenharia de processos agro-industriais;
  - > Química Industrial e Engenharia Ambiental;
  - > Manutenção Industrial e Engenharia de Produção.

- > A especialização de engenheiros em Processamento Agroindustrial de Alimentos;
- > Formação doutoral nas áreas de Engenharia de Processos e Ciências Alimentares e Nutricionais;
- > Apoio ao desenvolvimento, nomeadamente sob a forma de um serviço de consultoria;
- > Promoção da investigação em técnicas de transformação industrial e agroalimentar;
- > A reciclagem e o aperfeiçoamento dos quadros superiores da indústria.

O período de formação do ciclo de engenharia é de 36 meses. Durante este período, os alunos de nível 1 e 2, no final do ano letivo, devem efetuar um estágio de um a dois meses numa empresa, enquanto os alunos de nível 3 efectuam um estágio de três a cinco meses.

O estágio realizado pelos alunos do terceiro nível do ciclo de engenharia intitula-se "*Estágio de fim de curso*" e é defendido perante um júri. O futuro engenheiro, durante o período do estágio, deve resolver um problema específico de carácter industrial, propondo uma solução inovadora. Este estágio foi efectuado na filial de Limbe da "Hygiene et Salubrite du Cameroun" (HYSACAM).

RESUMO

O presente relatório é o resultado de um estágio de fim de curso de engenharia realizado na filial de Limbe da empresa HYSACAM com vista à obtenção do grau de Mestre em Engenharia (M.Eng.) em Manutenção Industrial e Engenharia de Produção. De 24th de maio a 22nd de setembro de 2010, trabalhámos sobre o tema "*Implementação de um Sistema Informatizado de Gestão da Manutenção*", com o objetivo de eliminar a papelada e as actividades de acompanhamento manual, permitindo assim aumentar a produtividade do pessoal de manutenção e modernizar a gestão da manutenção da filial. Para atingir o nosso objetivo de criação de um CMMS, utilizámos o método Merise de conceção de sistemas de informação. Seguindo este método, começámos por criar bases de dados de entidades passíveis de manutenção (sendo os camiões de recolha de lixo a principal entidade passível de manutenção), pessoal, peças sobresselentes, stocks e outros elementos que complementam a manutenção utilizando o MS Access e, em seguida, implantámos estas bases de dados numa aplicação Windows utilizando o MS Visual Studios. O resultado obtido foi um sistema de informação a que chamámos "*MaintoExpress*" que constituiu o nosso CMMS e que gere a manutenção, reparações e operações da sucursal da empresa. A utilização do sistema reduziria o tempo improdutivo de pesquisa de dados nos arquivos relativos às entidades em manutenção e manteria facilmente acessíveis os dados históricos sobre as entidades.

Palavras-chave: CMMS, método Merise, MS Access, MS Visual Studio, MaintoExpress.

INTRODUÇÃO

A empresa HYSACAM é uma empresa que se dedica à prestação de serviços de higiene e saneamento às nossas cidades. Ela torna as nossas cidades limpas para uma vida mais saudável. Estes serviços consistem na recolha, transporte e tratamento dos resíduos domésticos; na limpeza e varredura das ruas, locais públicos e mercados; e na limpeza das praias das cidades costeiras. Para que a empresa cumpra a sua missão de recolha, transporte e tratamento dos resíduos domésticos, recorre a um conjunto de camiões de recolha de lixo que têm de estar disponíveis, caso contrário não são evacuados resíduos das habitações. A disponibilidade destes camiões torna-se, portanto, uma questão prioritária. O serviço de manutenção assume a responsabilidade de disponibilizar estes camiões.

Quando chegámos à empresa, observámos que a manutenção, reparações e operações (MRO) estava bem organizada, com formulários apropriados para os diferentes tipos de operações a serem preenchidos e guardados em armários de arquivo. Observámos também que existia uma grande quantidade de papelada que se traduzia em horas de tempo improdutivo passado a vasculhar os arquivos para obter dados sobre as principais entidades passíveis de manutenção (os camiões de recolha de lixo). Assim, propusemo-nos a informatizar o MRO da sucursal de Limbe da empresa com o objetivo de eliminar a papelada e as actividades manuais de acompanhamento, permitindo assim que o pessoal de manutenção se tornasse mais produtivo e também modernizar a gestão da manutenção da sucursal. Por isso, escolhemos o tema "*Implementação de um sistema informatizado de gestão da manutenção*". O nosso principal objetivo era criar um CMMS com os objectivos específicos de, em primeiro lugar, criar bases de dados de entidades passíveis de manutenção (sendo os camiões de recolha de lixo a principal entidade passível de manutenção), pessoal, peças sobressalentes, stock e outros elementos que complementam a manutenção, ou seja, bases de dados que incluem todos os MRO do departamento de manutenção e, em seguida, implantar estas bases de dados numa aplicação Windows, mantendo as interfaces da aplicação semelhantes aos formulários manuais que eram utilizados.

O nosso trabalho será dividido em quatro grandes secções. Em primeiro lugar, apresentaremos a empresa HYSACAM na qual realizámos este estágio. De seguida, faremos uma revisão da literatura sobre manutenção, gestão da manutenção e sistemas informatizados de gestão da manutenção. Em seguida, passamos à secção de materiais e métodos, na qual apresentamos os materiais de hardware e software e a técnica de conceção de sistemas de informação Merise que utilizámos. Finalmente, apresentaremos os resultados obtidos e discutiremos os mesmos.

CAPÍTULO 1

APRESENTAÇÃO DA EMPRESA: HYGIENE ET SALUBRITE DU CAMEROON (HYSACAM)

1. IDENTIFICAÇÃO DA EMPRESA

A "Hygiene et Salubrite du Cameroun" (HYSACAM) é uma empresa criada em 1969, logo após a independência, quando a gestão dos resíduos se tornou um problema difícil de resolver na cidade de Douala, em plena expansão. Tornou-se então imperativo que alguém evacuasse estes resíduos que tornavam a cidade num local fértil para todos os tipos de males que advêm de um ambiente impuro [1]. A sua missão é:

- A recolha, o transporte e o tratamento dos resíduos domésticos;
- Limpeza e varrimento de ruas, locais públicos e mercados;
- A limpeza das praias das cidades costeiras.

A identificação completa da empresa é a que consta do quadro no verso (quadro 1).

Quadro 1: Identificação da HYSACAM

Abbreviation	HYSACAM
Year of creation	1969
Capital	
Legal status	S.A.: Société anonyme
Statistical number	211.511.001. S
Tax payers' number	M029600007893Z
Head office	Douala
Labour force	4500 employees
Post office box	1420 Douala
Telephone number	(237) 33 37 80 87
Fax	(237) 33 37 80 90
Website	www.hysacam-proprèté.com

A empresa tem filiais implantadas na maior parte das regiões do país, nomeadamente:

- Douala;
- Yaoundé;
- Kribi;
- Edea;
- Garoua;
- Limbe;
- Maroua;
- Ngaoundere;
- Bafoussam; e

- As sucursais de Buea, Sangmelima, Ebolowa e Bertoua, criadas mais recentemente.

[th]A sucursal de Limbe da empresa foi criada em 2006, mas o contrato foi oficialmente assinado em 2009, em conformidade com o acordo de mercado de contratos públicos n.º 000/2593/LCC170/GD/GG/2009, obtido através de uma autorização ministerial n.º B934/D/CAB/PM, de 9 de março de 2009, entre o Município de Limbe e a HYSACAM.

II. RECOLHA DE RESÍDUOS DOMÉSTICOS

1. Definição

No contexto do contrato, o termo resíduos domésticos agrupa:

- Sujidade comum proveniente da preparação de alimentos e da limpeza normal das habitações, restos de vidro ou resíduos da lavagem de pratos, cinzas, papéis, guardanapos e outros resíduos diversos depositados em recipientes individuais ou colectivos - os caixotes do lixo.

- Sujidade inerte e resíduos provenientes da limpeza de vias públicas, caminhos pedonais e mercados, bem como os resíduos de escolas, hospitais e outras colectividades que se encontrem agrupados em locais específicos ou contidos em recipientes.

- Os resíduos dos estabelecimentos artesanais, do pequeno comércio, dos serviços administrativos e outros apresentam-se sob a mesma forma que a sujidade comum.

No âmbito do mesmo contrato, não são considerados resíduos domésticos

- Detritos de obras públicas, serralharias, estaleiros de construção e restos de transferências.

- Resíduos da exploração industrial e/ou comercial, se a sua natureza for diferente da dos resíduos domésticos acima definidos.

- Resíduos anatómicos ou infecciosos de clínicas e hospitais, bem como resíduos de matadouros.

Os resíduos são recolhidos, transportados e depositados na lixeira municipal de Karata. Os resíduos são recolhidos de duas formas:

- Recolha porta a porta que consiste em esvaziar os caixotes do lixo individuais dos resíduos domésticos.

- Recolha em pontos fixos que consiste na remoção e esvaziamento de caixotes do lixo móveis colocados em pontos específicos da cidade.

III.ORGANIZAÇÃO DA HYSACAM LIMBE

A sucursal de Limbe da HYSACAM está organizada funcionalmente em quatro departamentos diferentes: direção da sucursal, secretariado, exploração e manutenção. O cumprimento da missão da empresa em Limbe é efectuado através de

- um parque de automóveis composto por sete veículos: quatro camiões basculantes (VDP: "Ville de Paris"), dois camiões de compactação de lixo (BAC: "Bennes a compaction" e um camião porta-lixo (PC: "Porte-coffre");
- um bulldozer que está à disposição da agência uma vez de três em três meses para empurrar os resíduos depositados na lixeira de Karata.
- um pessoal de exploração composto por lixeiros, varredores, motoristas, rippers, um chefe de equipa e o chefe do serviço;
- uma mão de obra de manutenção composta por um mecânico-chefe, um mecânico, um eletricista, um pneumático e dois lavadores;
- um quadro de direção composto por um secretário e pelo diretor da sucursal.

A agência tem uma força de trabalho total de 96 pessoas e o trabalho de recolha de lixo é feito em dois turnos de trabalho para os trabalhadores do serviço de exploração, enquanto os outros departamentos fazem um único turno de trabalho.

O fluxograma hierárquico da sucursal de Limbe é apresentado na figura abaixo (figura 1).

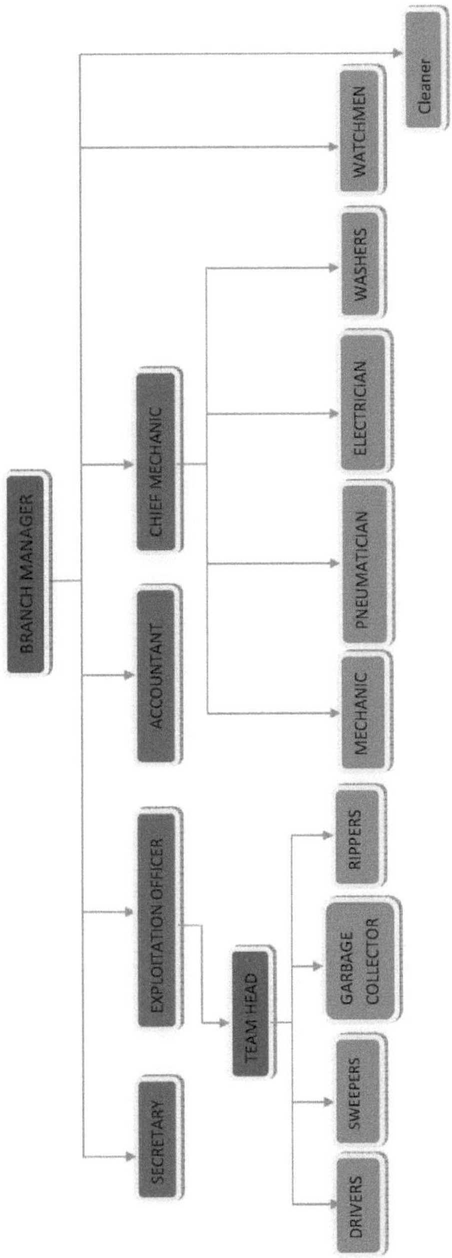

Figura 1: Fluxograma hierárquico da sucursal de Limbe da HYSACAM

CAPÍTULO 2

PANORÂMICA GERAL DA MANUTENÇÃO,

GESTÃO DA MANUTENÇÃO

E CMMS

Nesta parte do nosso trabalho, apresentamos conhecimentos teóricos sobre os temas da manutenção, da gestão da manutenção e dos sistemas informatizados de gestão da manutenção.

1. VISÃO GERAL DA MANUTENÇÃO

1. Definição

As normas francesas AFNOR X-60-010 definem a manutenção como um conjunto de acções que permitem manter ou restabelecer um bem num estado especificado ou num estado em que é capaz de desempenhar a sua função requerida ou prestar um determinado serviço [2].

A manutenção pode também ser definida como um conjunto de operações efectuadas num bem, como uma estrada, um edifício, um serviço de utilidade pública ou um equipamento, a fim de o conservar o mais próximo possível do seu estado original e de realizar a sua esperança de vida normal.

A manutenção é uma política que tem em conta:

- a escolha dos métodos de manutenção (modo de manutenção);
- o lugar do ativo a manter no processo de produção;
- a formação do pessoal de produção e de manutenção;
- melhorias a efetuar.

2. Tipos de manutenção

Existem dois tipos principais de manutenção: a manutenção preventiva e a manutenção corretiva.

1. Manutenção preventiva

A AFNOR X-60-010 define a manutenção preventiva como um tipo de manutenção efectuada com a intenção de reduzir a probabilidade de avaria de um bem ou a degradação de um determinado serviço. As intervenções são, portanto, efectuadas antes da avaria do bem. Estas intervenções incluem ajustes periódicos, lubrificação e inspeção de equipamentos mecânicos ou

outros equipamentos, monitorizando as vibrações das máquinas rotativas para garantir a continuidade das condições de trabalho. As tarefas de manutenção preventiva são normalmente planeadas com base no tempo decorrido ou nas horas de funcionamento, de acordo com dados estatísticos obtidos a partir de avarias (MTTF - tempo médio até à avaria e MTBF - tempo médio entre avarias).

O interesse deste tipo de manutenção seria o seguinte

- Reduzir os trabalhos urgentes;
- Facilitar a gestão da manutenção;
- Favorecer o planeamento das obras;
- Tornar possível a preparação, a programação e a gestão de stocks;
- Evitar o mau funcionamento dos activos antes da avaria, bem como eventuais danos provocados por avarias súbitas;
- Aumentar a segurança.

A manutenção preventiva subdivide-se em três tipos:

a. Manutenção preventiva sistemática ou baseada no tempo

A norma AFNOR X-60-010 define este tipo de manutenção preventiva como a manutenção efectuada segundo um parâmetro estabelecido, que pode ser baseado no tempo ou no número de unidades de trabalho. Exemplos de acções de manutenção preventiva sistemática: substituição de uma chumaceira de veio após 200 horas de trabalho, por exemplo; substituição de uma correia trapezoidal após 2000 horas de trabalho, etc.

b. Manutenção preventiva preditiva

Pode ser definido como medições que detectam o início da degradação do sistema (estado funcional inferior), permitindo assim que os factores de tensão causais sejam eliminados ou controlados antes de qualquer deterioração significativa do estado físico do componente. Por exemplo, monitorizar a vibração de máquinas rotativas numa tentativa de detetar problemas incipientes e evitar falhas catastróficas, monitorizar a imagem infravermelha de comutadores eléctricos, motores e outros equipamentos eléctricos para detetar problemas em desenvolvimento.

c. Manutenção preventiva baseada na condição

De acordo com a norma AFNOR X-60-010, a manutenção preventiva condicionada é o tipo de manutenção sujeita a um evento pré-determinado que revela o estado de um bem. Os seus objectivos são: evitar desmontagens inúteis que, por si só, podem conduzir a avarias; aumentar a segurança dos equipamentos e das pessoas; evitar avarias de emergência, acompanhando a evolução no tempo do aparecimento de anomalias, a fim de intervir nas melhores condições.

ii. Manutenção corretiva

A norma francesa AFNOR define a manutenção corretiva como o tipo de manutenção efectuada após uma avaria. Geralmente, estas avarias são imprevisíveis e, por conseguinte, difíceis de programar.

A manutenção corretiva subdivide-se em dois tipos:

a. Manutenção paliativa

Trata-se de um tipo de manutenção corretiva em que um bem ou equipamento avariado é reposto num estado de funcionamento temporário. Geralmente, este tipo de manutenção é efectuado num equipamento se não estiverem disponíveis todos os requisitos necessários para o repor no seu estado de funcionamento original. Isto é feito para reduzir o tempo de inatividade e para assegurar que a produção continua enquanto estão a ser tomadas medidas para restabelecer permanentemente a função do equipamento.

a. Reparação

Reparação é o restabelecimento de um bem através da substituição de uma peça avariada ou danificada, ou do recondicionamento dessa peça para o seu estado de funcionamento original ou aceitável. A necessidade de reparação pode resultar de desgaste normal, vandalismo, utilização incorrecta ou manutenção inadequada.

A figura 2 mostra um organigrama que representa os diferentes tipos de manutenção.

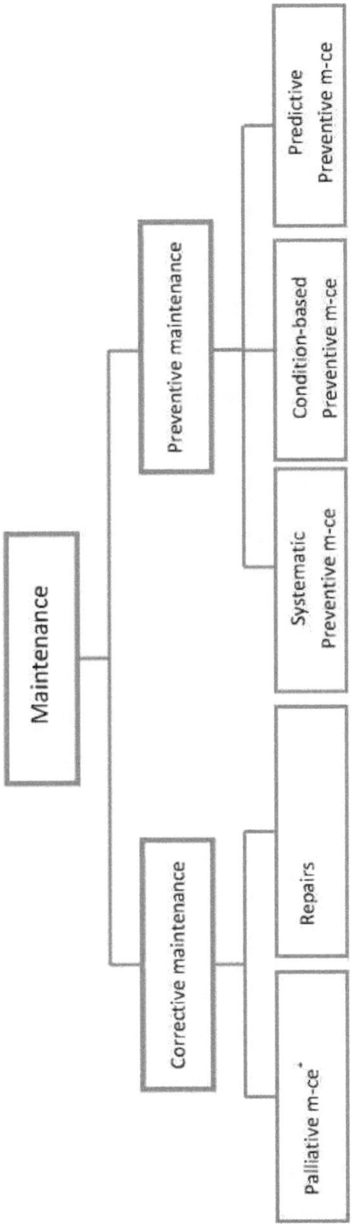

*m-ce: manutenção

Figura 2: Organigrama dos diferentes tipos de manutenção.

II. PANORÂMICA GERAL DA GESTÃO DA MANUTENÇÃO

Os custos de manutenção constituem uma parte importante dos custos totais de funcionamento de todas as instalações de fabrico ou produção. Dependendo do sector específico, os custos de manutenção podem representar entre 15 e 60 por cento do custo dos bens produzidos [3]. Por exemplo, nas indústrias relacionadas com os produtos alimentares, os custos médios de manutenção representam cerca de 15% do custo dos bens produzidos, ao passo que os custos de manutenção nas indústrias do ferro e do aço, da pasta de papel e do papel e noutras indústrias pesadas representam até 60% dos custos totais de produção. Estas percentagens podem induzir em erro, uma vez que alguns dos custos de manutenção declarados para algumas fábricas e indústrias incluem despesas não relacionadas com a manutenção. Por esta razão, os custos imputáveis relacionados com a manutenção [8] são ilustrados no icebergue dos custos de manutenção abaixo (figura 3):

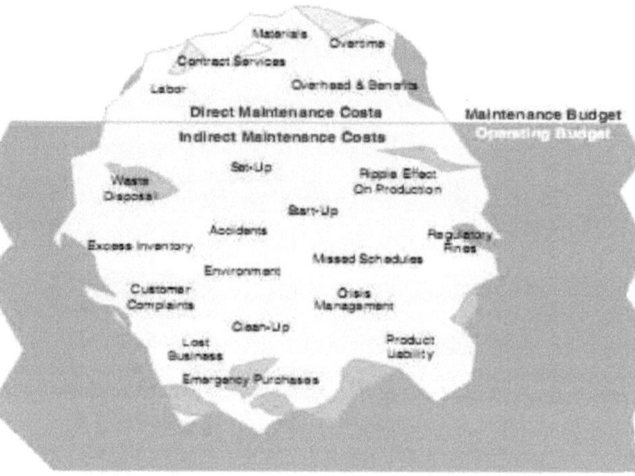

Figura 3: O Icebergue dos Custos de Manutenção

A gestão eficaz da manutenção é um passo imperativo no esforço de redução dos custos de manutenção em todas as indústrias. O resultado de uma gestão ineficaz da manutenção representa uma perda de mais de 60 mil milhões de dólares por ano para as indústrias nos EUA [3]. Talvez mais importante seja o facto de a gestão ineficaz da manutenção afetar significativamente a capacidade de fabricar produtos de qualidade ou de prestar serviços de qualidade que sejam competitivos no mercado mundial. As perdas de tempo de produção e de qualidade dos produtos que resultam de uma gestão de manutenção deficiente ou inadequada tiveram um impacto dramático na capacidade das indústrias americanas de competir com o Japão e outros países

1. Definição

A gestão da manutenção é uma abordagem ordenada e sistemática do planeamento, organização, acompanhamento e avaliação das actividades de manutenção e dos respectivos custos. Um bom sistema de gestão da manutenção, associado a pessoal de manutenção competente e capaz, pode evitar problemas de saúde e segurança e danos ambientais; prolongar a vida útil dos activos com menos avarias; e resultar em custos de exploração mais baixos e numa melhor qualidade de vida [4].

Consoante a aplicação e a conceção, os sistemas de gestão da manutenção podem ter vários formatos e procedimentos (por exemplo, vários formatos de ordens de trabalho, relatórios e ecrãs de computador, etc.), mas os princípios básicos de todos estes sistemas são semelhantes.

2. Métodos de gestão da manutenção

Existem duas correntes de pensamento quanto ao agrupamento dos métodos de gestão da manutenção. Alguns afirmam que existem apenas dois tipos de métodos de gestão da manutenção: os métodos de gestão da manutenção corretiva e preventiva. Outros afirmam que existem três tipos e incluem o método de gestão da manutenção preditiva como o terceiro tipo. Os primeiros defendem que este terceiro tipo - método de gestão da manutenção preditiva - é um subtipo do tipo de gestão da manutenção preventiva. Uma vez que envolve a monitorização de indicadores para evitar a avaria do equipamento, dizem que se trata, de facto, de manutenção preventiva. Não obstante, neste trabalho, descrevemos três tipos de métodos de gestão da manutenção.

a. Gestão do ciclo até à falha ou manutenção reactiva

A lógica da gestão do funcionamento até à falha é simples e direta: Quando uma máquina avaria, repare-a. O método "Se não houver avaria, não a repare" de manutenção de um ativo ou peça de equipamento tem sido uma parte importante das operações de manutenção das fábricas desde a construção da primeira fábrica e, à primeira vista, parece razoável. Uma fábrica que utilize a gestão "run-to-failure" não gasta dinheiro em manutenção até que uma máquina ou sistema deixe de funcionar.

O método "run-to-failure" é uma técnica de gestão reactiva que espera pela avaria da máquina ou do equipamento antes de tomar qualquer medida de manutenção; no entanto, trata-se na realidade de uma abordagem de gestão "sem manutenção". É também o método mais dispendioso de gestão da manutenção. Poucas fábricas utilizam uma verdadeira filosofia de gestão do funcionamento até à falha. Em quase todos os casos, as fábricas executam tarefas preventivas básicas, como lubrificação, ajustes de máquinas e outros ajustes, mesmo num ambiente de funcionamento até à falha.

Devido ao facto de não ser feita qualquer tentativa de antecipar as avarias, uma fábrica que utilize uma verdadeira gestão "run-to-failure" deve ser capaz de reagir a todas as possíveis avarias dentro da fábrica em tempo real, a fim de reduzir o tempo de paragem do equipamento. Este método reativo de gestão obriga o departamento de manutenção a manter extensos inventários de peças sobresselentes que incluam máquinas sobresselentes ou, pelo menos, todos os componentes principais de todos os equipamentos críticos da fábrica.

A alternativa é confiar nos fornecedores de equipamento que podem fornecer imediatamente todas as peças sobresselentes necessárias.

i) Vantagens da manutenção reactiva

- Baixo custo.
- Menos pessoal.

ii) Desvantagens da manutenção reactiva

- Aumento dos custos devido a paragens não planeadas do equipamento.
- Aumento do custo da mão de obra, especialmente se forem necessárias horas extraordinárias.
- Custo da reparação ou substituição do equipamento.
- Possíveis danos no equipamento secundário ou no processo devido a falha do equipamento.
- Utilização ineficaz dos recursos humanos.

b. Manutenção preventiva

Existem muitas definições de manutenção preventiva, mas todos os programas de gestão da manutenção preventiva são orientados para o tempo. Por outras palavras, as tarefas de manutenção são baseadas no tempo decorrido ou nas horas de funcionamento. A figura seguinte (figura 4) ilustra um exemplo da vida estatística de um comboio de máquinas. O tempo médio de falha (MTTF) ou curva da banheira indica que uma máquina nova tem uma elevada probabilidade de falha devido a problemas de instalação durante as primeiras semanas de funcionamento. Após este período inicial, a probabilidade de falha é relativamente baixa durante um período alargado. Após este período de vida normal da máquina, a probabilidade de falha aumenta acentuadamente com o tempo decorrido. Na gestão da manutenção preventiva, as reparações ou reconstruções de máquinas são programadas com base na estatística MTTF.

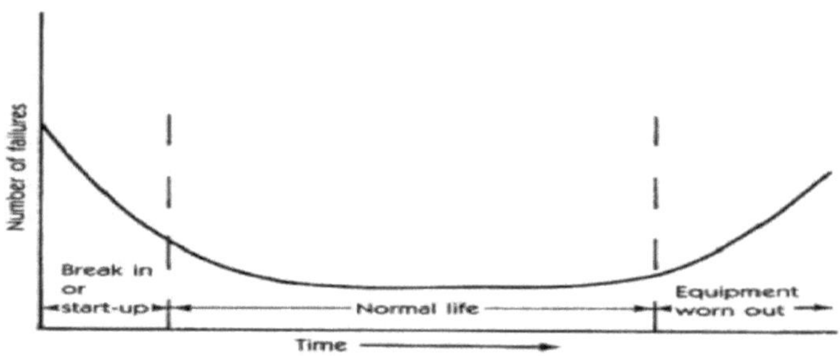

Figura 4: Uma curva típica de banheira

Todos os programas de gestão da manutenção preventiva partem do princípio de que as máquinas se degradarão num período de tempo típico da sua classificação específica. Por exemplo, um camião percorrerá

1000 km antes de o óleo do motor ser drenado. Utilizando técnicas de gestão preventiva, o óleo será drenado mesmo que não esteja gasto após os 1000 km percorridos. O problema com esta abordagem é que os modos de funcionamento e as variáveis específicas do sistema ou do ativo afectam diretamente a vida útil normal do ativo. O tempo médio entre falhas (MTBF) não é o mesmo para, por exemplo, uma bomba que lida com água e outra que lida com lamas abrasivas.

O resultado normal da utilização de estatísticas MTBF para programar a manutenção é a realização de reparações desnecessárias ou uma falha catastrófica.

A manutenção preventiva é a função de rotina mais importante que o pessoal de manutenção pode efetuar. O modo de manutenção reativo e de avaria nunca será ultrapassado se as tarefas de manutenção preventiva não forem executadas de forma consistente e adequada numa base regular e programada.

i) Vantagens da manutenção preventiva

- Rentável em muitos processos de capital intensivo.
- A flexibilidade permite ajustar a periodicidade da manutenção.
- Aumento do ciclo de vida dos componentes.
- Poupança de energia.
- Redução de falhas no equipamento ou no processo.
- Estimativa de 12% a 18% de poupança de custos em relação ao programa de manutenção reactiva.

ii) Desvantagens da manutenção preventiva

- É ainda provável que ocorram falhas catastróficas.
- Trabalho intensivo.
- Inclui a realização de manutenção desnecessária.
- Possibilidade de danificar acidentalmente os componentes aquando da realização de uma manutenção desnecessária.

c. Manutenção preditiva

A manutenção preditiva pode ser definida da seguinte forma: Medições que detectam o início da degradação do sistema (estado funcional inferior), permitindo assim que os factores de tensão causais sejam eliminados ou controlados antes de qualquer deterioração significativa do estado físico do componente.

Os resultados indicam a capacidade funcional atual e futura [5].

Basicamente, a manutenção preditiva distingue-se da manutenção preventiva por basear a necessidade de manutenção no estado atual da máquina e não num calendário predefinido. Recordar-se-á que a manutenção preventiva se baseia no tempo. Actividades como a mudança de lubrificante baseiam-se no tempo, como o tempo de calendário ou o tempo de funcionamento do equipamento. Por exemplo, a maioria das pessoas muda o óleo dos seus veículos a cada 3 000 a 5 000 milhas percorridas. Isto é efetivamente basear as necessidades de mudança de óleo no tempo de funcionamento do equipamento. Não é dada qualquer preocupação ao estado real e à capacidade de desempenho do óleo. O óleo é mudado porque está na altura. Esta metodologia seria análoga a uma tarefa de manutenção preventiva. Se, por outro lado, o operador do automóvel descontasse o tempo de funcionamento do veículo e mandasse analisar o óleo com alguma periodicidade para determinar o seu estado real e as suas propriedades de lubrificação, poderia prolongar a mudança de óleo até o veículo ter percorrido 10 000 milhas. Esta é a diferença fundamental entre a manutenção preditiva e a manutenção preventiva, em que a manutenção preditiva é utilizada para definir as tarefas de manutenção necessárias com base no estado quantificado do material/equipamento.

i) Vantagens da manutenção preditiva

- Eliminação de falhas catastróficas do equipamento.
- Redução ou ausência de custos de horas extraordinárias devido à possibilidade de programar as actividades de manutenção.
- Capacidade de minimizar o inventário e encomendar peças, conforme necessário, com bastante antecedência para apoiar as necessidades de manutenção a jusante.
- Otimização do funcionamento do equipamento, economizando custos energéticos e aumentando a fiabilidade da instalação.

ii) Desvantagens da manutenção preditiva

- O arranque de um modo de manutenção preditiva é muito dispendioso. Muitos dos equipamentos requerem um custo superior a 50.000 dólares.
- A formação do pessoal da fábrica para utilizar eficazmente as tecnologias de manutenção preditiva exigirá um financiamento considerável.
- O desenvolvimento do programa exigirá uma compreensão da manutenção preditiva e um compromisso firme para que o programa funcione por parte de todas as organizações e gestão das instalações.

d. Outros métodos de gestão da manutenção

Nos últimos 10 anos, uma variedade de métodos de gestão, como a manutenção produtiva total (TPM) e a manutenção centrada na fiabilidade (RCM), foram desenvolvidos e apresentados como a panaceia para a manutenção ineficaz. Muitas fábricas nos EUA adoptaram parcialmente um destes métodos de solução rápida, numa tentativa de compensar as deficiências de manutenção detectadas [3].

i) Manutenção Produtiva Total

Considerado como a abordagem japonesa à gestão eficaz da manutenção, o conceito TPM foi desenvolvido por Deming no final da década de 1950. Os seus conceitos, tal como adaptados pelos japoneses, salientam a adesão absoluta aos princípios básicos, como a lubrificação, as inspecções visuais e a utilização universal das melhores práticas em todos os aspectos da manutenção.

Uma definição concisa de TPM é difícil de encontrar, mas a melhoria da eficácia do equipamento aproxima-se.

A TPM não é, de facto, um programa de gestão da manutenção. A maior parte das actividades associadas à abordagem de gestão japonesa são dirigidas à função de produção e pressupõem que a manutenção fornecerá as tarefas básicas necessárias para manter os bens de produção críticos. Todos os benefícios quantificáveis do TPM são apresentados em termos de capacidade, qualidade do produto e custo total de produção. Infelizmente, os defensores nacionais do TPM tentaram implementar os seus conceitos como actividades exclusivamente de manutenção. Como resultado, poucas destas tentativas foram bem sucedidas.

No centro do TPM está uma nova parceria entre o pessoal do fabrico ou da produção, a manutenção, a engenharia e os serviços técnicos para melhorar o que se designa por eficácia global do equipamento (OEE). Trata-se de um programa de zero avarias e zero defeitos com o objetivo de melhorar ou eliminar as seguintes seis perdas incapacitantes no chão de fábrica:

- Avarias de equipamento;
- Lentidão na configuração e no ajuste;
- Marcha lenta e paragens de curta duração;
- Capacidade reduzida;
- Perdas relacionadas com a qualidade;
- Perdas no arranque/rearranque.

A ideia de parceria é o que faz com que funcione.

ii) Manutenção centrada na fiabilidade

A abordagem RCM foi desenvolvida pela primeira vez na década de 1960 e, aquando do seu aparecimento, a maioria dos engenheiros de produção acreditava que a maquinaria tinha uma vida finita e necessitava de grandes reconstruções periódicas para manter níveis aceitáveis de fiabilidade.

Uma premissa básica da RCM é que todas as máquinas devem falhar e ter uma vida útil finita, mas nenhuma destas premissas é válida. Se as máquinas e os sistemas das instalações forem corretamente concebidos, instalados, operados e mantidos, não falharão e a sua vida útil é quase infinita. Poucas, ou nenhumas, falhas catastróficas são aleatórias e todas as falhas são causadas por alguma influência externa, como um erro do operador ou uma reparação incorrecta. Com exceção das falhas instantâneas causadas por um erro grave do operador ou por uma influência externa totalmente anormal, a metodologia de análise da dinâmica de funcionamento pode detetar, isolar e prevenir falhas do sistema.

Como o RCM se baseia na crença de que todas as máquinas se degradarão e falharão (curva P-F), a maioria das tarefas, como a análise dos modos e efeitos de falha (FMEA) e a análise da distribuição de Weibull, são utilizadas para antecipar quando essas falhas ocorrerão. Ambos os métodos teóricos se baseiam em tabelas de probabilidades que pressupõem uma conceção, instalação, operação e manutenção corretas das máquinas da fábrica. Nenhum deles é capaz de se ajustar a desvios anormais em qualquer uma destas categorias.

Só no início dos anos 80 é que as tecnologias de manutenção preditiva, como a análise de vibrações baseada em microprocessadores, proporcionaram um meio preciso de deteção precoce de problemas incipientes. Com o advento destas novas tecnologias, a maior parte das premissas fundadoras da RCM desapareceram. A capacidade de detetar o mais pequeno desvio das condições óptimas de funcionamento dos sistemas críticos da fábrica fornece os meios para evitar a deterioração que, em última análise, resulta na falha desses sistemas. Se forem tomadas medidas corretivas imediatas, a degradação é efetivamente interrompida e evita-se a falha que é o cerne da curva P-F.

As vantagens da RCM são [4]:

- Pode ser o programa de manutenção mais eficiente.
- Reduzir os custos eliminando os custos desnecessários
- Manutenção ou revisão geral.
- Minimizar a frequência das revisões.
- Redução da probabilidade de falhas súbitas do equipamento.
- Capacidade de concentrar as actividades de manutenção nos componentes críticos.
- Maior fiabilidade dos componentes.
- Incorpora a análise da causa raiz.

As desvantagens são [4]:

- Pode ter custos significativos de arranque, formação, equipamento, etc.
- Potencial de poupança que não é facilmente percetível pela direção.

III. PANORÂMICA GERAL DOS CMMS

Os sistemas informatizados de gestão da manutenção (CMMS) evoluíram ao longo das últimas três décadas, passando de uma funcionalidade elementar de controlo de activos e manutenção preventiva para sistemas de informação de manutenção empresarial. Existem centenas de fornecedores que oferecem soluções numa variedade de plataformas. Estes sistemas "best of breed" fornecem aos utilizadores uma funcionalidade abrangente para facilitar o fluxo de informações de manutenção e a capacidade de verificar a saúde da organização de manutenção num relance.

À medida que o mercado de software de manutenção, reparação e operações (MRO) continua a expandir-se, os fornecedores desenvolveram soluções que se centram em segmentos específicos da gestão de activos e de trabalho. Os sistemas descritos como gestão de activos da empresa (EAM), gestão do ciclo de vida dos activos, gestão do desempenho dos activos, gestão da fiabilidade dos activos ou da empresa e monitorização do estado dos equipamentos estão todos orientados para o mesmo objetivo: aumentar a disponibilidade e o desempenho dos equipamentos, aumentar a qualidade dos produtos e reduzir as despesas de manutenção. Quando um CMMS é implementado para facilitar os processos e normas estabelecidos, esses objectivos podem ser alcançados [6].

1. Definição

Um sistema informatizado de gestão da manutenção (CMMS) é um tipo de software de gestão que desempenha funções de apoio à gestão e acompanhamento das operações e actividades de manutenção [7].

2. Capacidades do CMMS

Os sistemas CMMS automatizam a maior parte das funções logísticas realizadas pelo pessoal de manutenção e pela direção. Os sistemas CMMS são fornecidos com muitas opções e têm muitas vantagens em relação aos sistemas manuais de controlo da manutenção. Dependendo da complexidade do sistema escolhido, as funções típicas do CMMS podem incluir o seguinte

- Geração de ordens de trabalho, definição de prioridades e acompanhamento por equipamento/componente.
- Registo histórico de todas as ordens de trabalho geradas, que podem ser ordenadas por equipamento, data, pessoa que responde, etc.
- Acompanhamento das actividades de manutenção programadas e não programadas.
- Armazenamento dos procedimentos de manutenção, bem como de todas as informações sobre a garantia por componente.
- Armazenamento de toda a documentação técnica ou procedimentos por componente.
- Relatórios em tempo real da atividade de trabalho em curso.
- Geração de ordens de trabalho de manutenção preventiva baseadas no calendário ou no tempo de execução.
- Acompanhamento dos custos de capital e de mão de obra por componente, bem como dos tempos mais curtos, médios e mais longos para fechar uma ordem de trabalho por componente.
- Controlo completo do inventário de peças e materiais com capacidade de encomenda automática.
- Interface PDA (assistentes pessoais digitais) para simplificar a introdução de dados e a geração de ordens de trabalho.

> Capacidades de chamada/despacho de serviço externo.

Muitos programas CMMS podem agora interagir com sistemas de gestão e controlo de energia (EMCS) existentes, bem como com sistemas de gestão de propriedades. O acoplamento destas capacidades permite a monitorização baseada nas condições e nos perfis de utilização de energia dos componentes.

Embora os CMMS possam contribuir muito para automatizar e melhorar a eficiência da maioria dos programas de operações e manutenção, existem algumas armadilhas comuns. Estas incluem as seguintes:

> **Seleção incorrecta de um fornecedor de CMMS**. Esta é uma decisão específica do local. Deve ser reservado tempo para avaliar as necessidades iniciais e procurar a correspondência correta entre o sistema e o fornecedor de serviços.

> **Formação inadequada do pessoal administrativo de operações e manutenção sobre a utilização correta do CMMS**. Este pessoal necessita de formação específica sobre a introdução, funcionamento e manutenção do CMMS. Normalmente, esta formação tem lugar nas instalações do cliente depois de o sistema ter sido instalado.

> **Falta de empenhamento para implementar corretamente o CMMS**. É necessário um compromisso para o arranque/implementação do CMMS. A maioria dos fornecedores fornece este serviço como um serviço e normalmente vale a pena a despesa.

> **Falta de empenhamento em persistir na utilização e integração do CMMS**. Embora o CMMS ofereça vantagens significativas, estas precisam de ser mantidas. As instalações de CMMS mais bem sucedidas têm um "defensor" da sua utilização, que a promove e encoraja a sua utilização contínua.

3. Benefícios do CMMS

Um dos maiores benefícios do CMMS é a eliminação da papelada e das actividades manuais de acompanhamento, permitindo assim que o pessoal do edifício se torne mais produtivo. É de salientar que a funcionalidade de um CMMS reside na sua capacidade de recolher e armazenar informações num formato facilmente recuperável. Um CMMS não toma decisões, mas fornece ao gestor de operações e manutenção as melhores informações para afetar a eficiência operacional de uma instalação.

As vantagens da implementação de um CMMS são as seguintes

> Deteção de problemas iminentes antes da ocorrência de uma falha, resultando em menos falhas e reclamações dos clientes.

> Atingir um nível mais elevado de actividades de manutenção planeada que permita uma utilização mais eficiente dos recursos humanos.

> Afetar o controlo do inventário, permitindo uma melhor previsão das peças sobresselentes para eliminar as faltas e minimizar o inventário existente.

> Manter um desempenho ótimo do equipamento que reduz o tempo de inatividade e resulta numa vida útil mais longa do equipamento.

4. Componentes comuns de um CMMS

Uma vez definidos os seus requisitos, pode ser compilada uma lista de verificação para classificar a funcionalidade dos sistemas que está a avaliar. A maioria das aplicações CMMS é composta por módulos de base que suportam as funções básicas de manutenção de gestão de activos, gestão do trabalho, manutenção preventiva e gestão de materiais. Algumas aplicações têm módulos "add-on" disponíveis por um custo adicional que abordam requisitos especiais, tais como frota, ordem de trabalho móvel, código de barras e pedido de trabalho [7].

Segue-se uma lista de módulos comuns e de campos e funcionalidades específicos que se encontram na maioria das aplicações CMMS.

i. Trabalho

- A capacidade de manter uma lista de empregados e certificações;
- A capacidade de atribuir um empregado a uma tarefa específica;
- A possibilidade de atribuir um trabalhador a uma equipa e/ou a um turno específicos;
- A capacidade de atribuir taxas normais e de horas extraordinárias a um empregado.

ii. Ativo

- Dados da placa de identificação (fabricante, modelo, série);
- Criticidade dos activos;
- Lista de materiais;
- Localização ou posição;
- Hierarquia para o roll up de custos do ativo para a área e instalação;
- Conjuntos de activos;
- Classe e/ou tipo de equipamento configurável; Códigos de custo
- Custo do ativo;
- Informações sobre a garantia;

- Contadores (utilizados para acionar tarefas de manutenção preventiva);
- Procedimentos de segurança;
- A possibilidade de anexar documentos ou imagens que podem ser impressos com a ordem de trabalho;
- Campos definidos pelo utilizador.

111. Gestão do trabalho

- Número da ordem de trabalho;
- Descrição da ordem de trabalho;
- Prioridade da ordem de trabalho;
- Tipo de ordem de trabalho configurável (preventiva, corretiva, segurança, etc.);
- Códigos de problemas, componentes, causas e soluções;
- A capacidade de reservar materiais planeados em ordens de trabalho;
- Os materiais registados contra ordens de trabalho são adicionados à lista de materiais do imobilizado;
- Capacidade de planear trabalhos manuais, turnos e empregados nas ordens de trabalho;
- A capacidade de registar o tempo de inatividade dos activos;
- Registar a mão de obra, os materiais e os custos planeados e reais;
- Apoiar ordens de trabalho ou projectos de crianças;
- Procedimentos de segurança;
- A possibilidade de anexar documentos ou imagens que podem ser impressos com a ordem de trabalho;
- Campos definidos pelo utilizador.

iv. Tarefas ou procedimentos

Criar procedimentos predefinidos que podem ser associados a um PM ou ordem de trabalho que incluem:

- Lista de controlo das tarefas a realizar;
- Horas estimadas;
- Atribuição de recursos;
- Lista de peças;
- Procedimentos de segurança.

v. **Manutenção preventiva**

- A capacidade de associar vários activos a um registo PM;
- A capacidade de acionar PMs com base em eventos baseados no tempo ou na utilização;
- A capacidade de acionar PM's em intervalos fixos ou baseados na conclusão;
- Sequência das ordens de trabalho PM (ou seja, mensal, trimestral, anual);
- Datas sazonais ou de interdição;
- Ordens de trabalho PM geradas em lote.

vi. **Gestão de materiais**

- Vários armazéns;
- Localização dos contentores;
- Rastrear discretamente as peças através de um número de item único;
- Suporta vários fabricantes e números de peças de fabricantes associados a um número de item de inventário;
- Fornecedor principal e informações de contacto do fornecedor associado;
- Classe de inventário e códigos de mercadorias;
- A capacidade de lançar o custo do inventário nas ordens de trabalho utilizando "média" ou "último preço";
- A capacidade de definir pontos de encomenda mínimos e máximos;
- A capacidade de ver as peças armazenadas em vários armazéns;

- Suporta a contagem de ciclos;
- Apoia a emissão de ordens de trabalho / devoluções;
- Suporta transferências de armazém;
- Suporta artigos não armazenados emitidos para uma ordem de trabalho;
- Suporta peças sobressalentes reparáveis.

vii. Compras

- Requisição de compra gerada automaticamente quando as peças são emitidas com base nos níveis mínimos e máximos;
- Consolidação de rubricas de vários pedidos numa única ordem de compra;
- Capacidade de acompanhar os artigos de ordens de compra encomendados, recebidos ou em atraso;
- Hierarquia de aprovação.

viii. Plug-ins ou Complementos

- Interfaces para software de planeamento de recursos empresariais (ERP) amplamente utilizado;
- Interfaces com os sistemas de automatização das instalações;
- Interfaces com a gestão das relações com os clientes e com os sistemas de informação dos clientes;
- Relatórios ad-hoc;
- Frota;
- Clientes PDA (assistentes pessoais digitais) (Pocket PC ou Palm OS);
- Código de barras;
- Pedido de trabalho e expedição;
- Integração com programas CAD (Computer-Aided design);
- Integração em SIG (Sistemas de Informação Geográfica);

- Sistemas de gestão de projectos;
- Contratação pública eletrónica;

5. Implementação

Uma vez estabelecidos os requisitos e selecionado o sistema, inicia-se o processo de implementação. Infelizmente, não é tão fácil como carregar num interrutor e dizer "está feito". Para que o CMMS forneça informações úteis, tem de ser configurado, os principais dados recolhidos e introduzidos e os funcionários têm de ser motivados para utilizar o sistema.

Utilize a mesma equipa que identificou os processos e requisitos comerciais do seu sistema para liderar a configuração inicial. O melhor primeiro passo é fazer com que a sua equipa principal de implementação participe numa visão geral abrangente da aplicação selecionada ou da aplicação que está a desenvolver. Isto pode ser feito pelo fornecedor ou por um consultor familiarizado com o CMMS selecionado ou por um programador de aplicações. Durante a síntese, valide se o sistema cumpre os seus requisitos. Deve também identificar todos os componentes do sistema que são necessários para atingir o nível de funcionalidade planeado (ou seja, mão de obra, lista de valores, códigos de custo/GL, activos, caixas, inventário, etc.).

À medida que se iniciam os esforços de recolha de dados, comece a "vender" o sistema aos utilizadores finais. Envolva-os no processo de recolha e apropriação das informações que serão introduzidas no sistema. Aproveite as assembleias, como as reuniões de segurança ou as reuniões de acompanhamento, para fornecer actualizações sobre o progresso da implementação. Exprimir a forma como o sistema irá beneficiar os utilizadores da manutenção, a gestão e a empresa no seu conjunto. Solicitar que a equipa de gestão sénior se dirija aos trabalhadores sobre o significado do sistema e a

importância das suas contribuições. Promover sessões de perguntas e respostas, eventualmente até pequenas demonstrações de produtos. Sublinhe que o objetivo do sistema não é monitorizar os empregados, mas sim fazer com que a empresa ou organização passe de um modo reativo para um modo proactivo [6].

Alguns exemplos de CMMS, seus criadores e sítios Web são apresentados no quadro (Quadro 2) abaixo.

Quadro 2: Exemplos de pacotes de software CMMS

Software package	Developer	Website
COSWIN 7i	SIVECO	www.siveco.com
CARL	CARL SOFTWARE	www.carl.eu
CORIM	CORIM	www.corim-solutions.com
ALTAIR	DSD System	www.dsdsystem.fr
OPTIMAINT	APISOFT	www.apisoft.fr
MISTER Maint	ITM	www.mistermaint.com
MAINTI Média	TRIBOFILM	www.tribofilm.fr
EASY Cam	CIPROS	www.cipros-international.com

CAPÍTULO 3

MATERIAIS E MÉTODOS DE AUXÍLIO

I. MATERIAIS

O material que utilizámos era constituído por:

- Um computador portátil com as seguintes caraterísticas:

  Processador Intel Pentium III, velocidade de 796 MHz e 512 MB de RAM com sistema operativo Super Windows tiny tux G2 2008, service pack 2 instalado

- As ferramentas informáticas:

  - Microsoft office Access 2007 para a criação das nossas bases de dados.
  - Microsoft Visual Studio 2005 para a criação e conceção das interfaces da nossa aplicação, o CMMS.

II. ABORDAGEM PARA A CRIAÇÃO DO SISTEMA

A abordagem para a criação do sistema refere-se aos passos que seguimos para o desenvolvimento do CMMS. Devido ao facto de já existir um sistema de gestão da manutenção bem organizado antes da nossa chegada à empresa, utilizámos o método Merise [8] para a criação do nosso CMMS. Seguindo este método, foi utilizada uma metodologia em duas fases para a criação do sistema. Em primeiro lugar, desenvolvemos uma base de dados Microsoft Access dos recursos humanos e materiais de manutenção (pessoal, veículos e peças sobressalentes) e das operações e procedimentos de manutenção. Em seguida, procedemos à implantação da base de dados numa aplicação Windows, utilizando o ambiente de desenvolvimento de aplicações Windows do Microsoft Visual Studio 2005.

1. Caraterísticas técnicas

A vontade da empresa de melhorar a qualidade dos serviços que presta à população e de gerir melhor as suas actividades de manutenção incita-a a informatizar estas actividades. Uma vez que a gestão da manutenção já estava bem organizada, propusemo-nos a modificar alguns dos formulários utilizados pelo serviço de manutenção e a informatizar integralmente as actividades do serviço. Optámos por um sistema informatizado de gestão da manutenção (CMMS) e não por um sistema pericial, uma vez que as ferramentas de que dispúnhamos eram as que nos permitiam fazer um CMMS. Tratava-se então de definir a função do sistema e os seus condicionalismos.

a) Função:

- Gestão do pessoal do serviço de manutenção;

- Gestão das actividades de manutenção do parque de automóveis;
- Gestão do stock de peças sobressalentes.

*b) **Restrições:***

- Interface de fácil utilização;
- Utilização da terminologia utilizada no sistema de gestão da manutenção não informatizado.

2. Definição dos termos

> **Sistema:** Um sistema é um conjunto de elementos materiais e imateriais (homens, equipamentos, métodos, regras, etc.) em interação transformando por um processo elementos (inputs) noutros elementos (outputs).

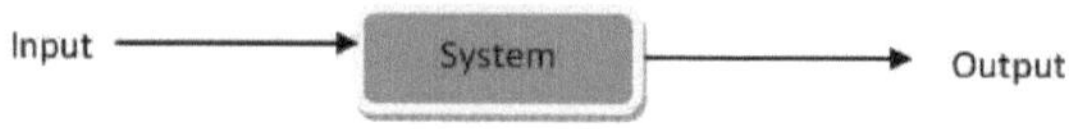

Figura 5: Ilustração esquemática de um sistema

O sistema correspondente à atividade de uma empresa que transforma um fluxo físico de entrada (matéria-prima, finanças...) num fluxo físico de saída (produtos acabados, finanças...) é designado por sistema operativo.

Um sistema pode ser controlado por outro sistema conhecido como sistema piloto. O sistema piloto procede à pilotagem, à regulação e ao controlo do sistema operacional, decidindo, em função dos objectivos fixados, o comportamento do sistema.

> **Sistema de informação:** Um sistema de informação é constituído por diversos elementos (empregados, computadores, regras, métodos...) encarregados de armazenar e tratar as informações relativas ao sistema operativo para as colocar à disposição do sistema piloto. Pode também emitir para o sistema operativo informação-interação, ou seja, pode reagir sobre o sistema operativo.

Os sistemas de informação são compostos por dois aspectos: um estático e um dinâmico. Por um lado, o aspeto estático diz respeito aos dados e trata da salvaguarda dos eventos que ocorreram fora do sistema num conjunto memorizado (uma base de informação) e da salvaguarda das estruturas de dados, regras e restrições sobre os dados, fora do sistema, de uma forma formal (modelos de dados). Por outro lado, o aspeto dinâmico diz respeito ao processamento de dados e trata da atualização dos dados guardados na base de informação e da alteração das estruturas de dados, regras e restrições.

Num sistema de informação, encontramos decisões tomadas por homens e acções programadas (máquinas) que constituem a parte automatizada de um sistema de informação. Assim, definimos um sistema de informação automatizado como um subsistema de um sistema de informação em que as transformações significativas de dados são efectuadas por computadores. Um sistema de informação automatizado tem de ser:

- Integrado: A informação é escrita apenas uma vez num determinado ponto do sistema e pode ser obtida a partir de todos os ficheiros em causa.
- Duradouro e adaptável: o software de processamento de dados (programas) é independente dos dados.

> **Base de dados:** Uma base de dados é uma coleção de dados que pode ser pesquisada de forma sistemática para manter e recuperar informações [9].

> **Base de dados relacional:** Coleção de informação organizada em tabelas [10].

> **Projeto:** Um esquema no qual são definidos os meios para atingir um fim [9].

> **Conceção da base de dados:** Um esquema no qual os objectivos da base de dados são definidos e as alternativas da base de dados são apresentadas, analisadas e uma alternativa é selecionada ou recomendada [4].

> **Entidade:** Uma entidade é uma população de indivíduos homogéneos [11].

> **Relação:** Uma relação é uma associação entre duas ou mais entidades com um significado particular.

> **Atributo:** Um atributo é uma propriedade de uma entidade ou de uma relação.

> **Ocorrência:** É um indivíduo de uma entidade.

> **Identificador:** É uma ou mais propriedades que identificam de forma única uma ocorrência de uma entidade. Não pode ter dois valores idênticos.

> **Dimensão:** É o número de entidades que participam de uma relação.

> **Cardinalidade de uma entidade:** A cardinalidade de uma entidade relativamente a uma associação é expressa por dois números designados por cardinalidade máxima e cardinalidade mínima. A cardinalidade mínima (0 ou 1) é o menor número de vezes que uma ocorrência de uma entidade pode participar numa relação, enquanto a cardinalidade máxima (1 ou n) é o maior número de vezes que uma ocorrência de uma entidade pode participar numa relação.

> **Chave primária:** é um atributo de uma tabela que a identifica de forma exclusiva.

> **Chave estrangeira:** É a chave primária de uma tabela migrada para outra tabela como um atributo chave

> **Restrições de integridade:** Refere-se às regras de gestão de uma empresa ou organização.

3. Conceção do sistema de informação: o CMMS

Como já foi referido, utilizámos o método Merise para a conceção do nosso CMMS. O método Merise é um método utilizado pela maioria das empresas em França para a conceção de sistemas de informação. Neste método, estão envolvidos três níveis de abstração. Estes níveis são: o concetual, o organizacional e o operacional (físico e lógico). As especificidades destes níveis e a sua importância para a conceção estão resumidas na tabela (Tabela 3) abaixo:

Quadro 3: Níveis de abstração de um sistema de informação

Level	Processing	Data	Choice
Conceptual	Conceptual processing model	Conceptual data model	Of management
Organizational	Organizational processing model	Organizational data model	Of organization
Operational (physical and logical)	Operational processing model	Logical data model	Techniques

Ao nível concetual, pensamos o sistema de informação sem considerar quaisquer conceitos organizacionais sobre a organização e o processamento de dados. Consiste em colocar a questão o quê?

O nível organizacional consiste em analisar os critérios ligados à organização dos dados (noções de lugar, de tempo, de actores). Fazemos a pergunta: quem? Onde? Quando?

O nível operacional consiste em apresentar soluções técnicas para o problema. Consiste em colocar a questão "como?

Merise propõe quatro fases no processo de conceção de sistemas de informação, a saber

i. **Estudo preliminar**: Trata-se de um estudo breve que consiste em analisar a situação existente. Permite-nos propor uma arquitetura global da solução, tendo em conta as orientações de gestão e de organização, bem como as escolhas técnicas validadas pelo comité de projeto.
ii. **Estudo detalhado**: É feito após o estudo preliminar e tem como objetivo descrever completamente o plano funcional e a solução a ser realizada.
iii. **Execução**: O objetivo desta fase é obter software que corresponda às especificações do estudo detalhado.
iv. **Implementação**: O seu objetivo é executar todas as acções (formação, documentação, instalações materiais) que nos permitem chegar ao lançamento do sistema aos utilizadores.

A combinação dos níveis de abstração e das fases envolvidas no processo de conceção de um sistema de informação conduz-nos a um ciclo de abstração [8] para a conceção de um sistema deste tipo, tal como se mostra na figura (figura 6) abaixo:

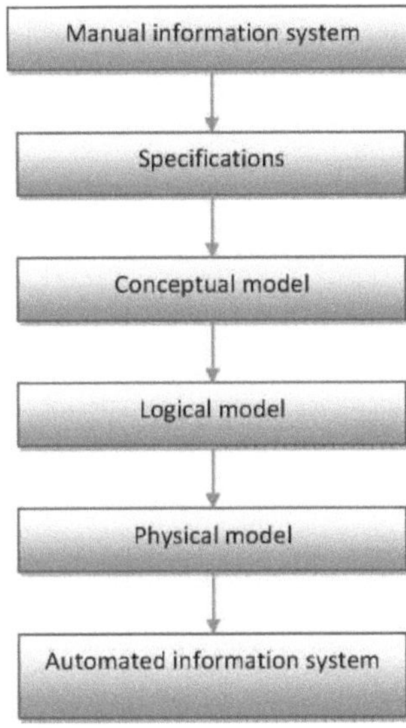

Figura 6: Ciclo de abstração para a conceção de sistemas de informação

i. Especificações

À nossa chegada, a empresa estava a falar uma nova linguagem de qualidade. Isto significava que mais toneladas de resíduos tinham de ser recolhidas todos os dias para garantir esta qualidade. Isto implicava que todos os recursos humanos e materiais tinham de ser bem organizados para levar a cabo a tarefa de limpeza da cidade. Sendo os camiões de recolha de lixo um dos elementos muito importantes para garantir a qualidade dos serviços, decidimos reduzir o tempo improdutivo gasto em arquivos para tentar responder a perguntas como:

- Quando foi a última vez que trabalhámos neste camião? E qual foi o problema?
- Onde é que comprámos esta peça da última vez? Qual é o contacto deles?
- Há uma peça de substituição no armazém? Onde é que ela está?
- Este equipamento está na garantia? Efectuámos a tarefa de manutenção exigida pela garantia?
- Quanto custaram todas as reparações deste camião? Devemos substituí-lo?
- Quando foi a última vez que uma peça foi utilizada? Está obsoleta?
- Quanto é que gastámos em manutenção preventiva no ano passado?

Isto constituiu então a necessidade de avançarmos para a informatização das actividades do serviço de manutenção.

Com demasiada frequência, as empresas ou, de um modo mais geral, as organizações adquirem software CMMS na expetativa de que a sua atividade de manutenção passe a funcionar instantaneamente de forma mais eficiente. Tal como em tudo na vida, um CMMS só pode fornecer aquilo que lhe dermos. Esta razão, juntamente com as implicações financeiras necessárias para obter um CMMS pronto a utilizar, levou-nos a criar um CMMS personalizado, definindo e documentando os processos existentes e incluindo funcionalidades específicas do HYSACAM, tais como o registo de informações como o consumo diário de óleo e combustível dos veículos, que condutor saiu com que veículo e em que data, a fim de cumprir a visão e o objetivo de manutenção da empresa.

ii. Modelação de dados:

a. Modelo concetual de dados (MCD)

Constitui a formalização dos dados ao nível concetual. Nesta fase, desenha-se o gráfico MCD. Nesta representação gráfica, uma entidade é representada por um retângulo de duas células. A parte superior do retângulo contém o nome da entidade, enquanto a parte inferior contém as propriedades da entidade.

A representação de uma relação entre duas entidades é feita por um círculo (oval ou eclipse) no qual especificamos o verbo que melhor define a relação que existe entre as duas entidades na parte superior do círculo. A sua parte inferior recebe as eventuais propriedades da relação (exemplo: ver figura 7 abaixo).

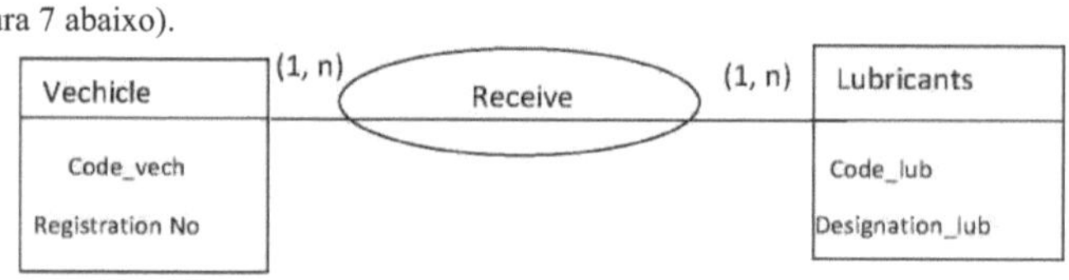

Figura 7: Exemplo de um gráfico MCD

b. Modelo de dados lógicos (MLD)

Existem três tipos de relações que podem existir entre entidades: binárias, terciárias ou nárias.

- Uma relação binária é uma associação entre duas entidades: uma relação de dimensão 2.
- Uma relação terciária é uma relação de dimensão 3.
- Uma relação n-ária é uma relação n-dimensional.

O nosso exemplo acima (figura) é uma relação de dimensão 2.

Entre duas entidades X e Y em relação, podemos ter:

-1- **Relação de um para um (1, 1):** Aqui uma ocorrência de X corresponde a uma e apenas uma ocorrência de Y. As duas entidades tornam-se tabelas.

-2- **Relação um-para-muitos (0, n ou 1, n):** Neste caso, uma ocorrência de X corresponde a uma ou mais ocorrências de Y, enquanto uma ocorrência de Y corresponde a apenas uma ocorrência de X. As regras de transformação são as seguintes:

- As duas entidades transformam-se em tabelas;
- As propriedades de X tornam-se atributos de Y;
- O identificador de cada entidade torna-se uma chave primária;
- O identificador de X migra para Y e passa a ser uma chave externa ou simplesmente um atributo de Y.

-I- **Relação muitos-para-muitos:** Aqui, uma ocorrência de uma das entidades corresponde a uma ou mais ocorrências da outra entidade. As regras de transformação são:

- Ambas as entidades tornam-se tabelas;
- A relação entre as entidades passa a ser uma tabela cuja chave primária é uma concatenação dos identificadores das duas entidades;
- Se esta relação tiver propriedades, estas tornam-se atributos.

Exemplo: Ver figura 8 abaixo.

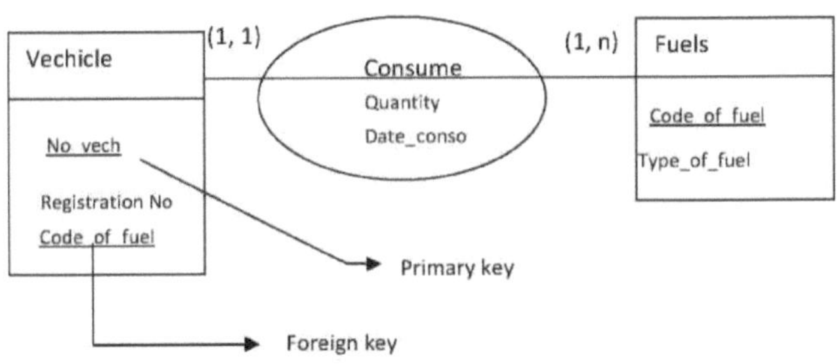

Figura 8: Exemplo de um gráfico MCD com chaves primárias e estrangeiras

CAPÍTULO 4

O

SISTEMA INFORMATIZADO DE GESTÃO DA MANUTENÇÃO

: ESPECIFICAÇÕES E MODELAÇÃO DE DADOS

A fim de gerir melhor as actividades e operações de manutenção e também o stock de peças sobresselentes do departamento de manutenção, decidimos criar um sistema informatizado de gestão da manutenção que nos poupará o tempo de percorrer os arquivos à procura de informações que, com apenas, digamos, dois cliques do rato, podemos ter essas informações.

Para a configuração do nosso sistema, utilizámos o método Merise, apresentado na secção anterior deste trabalho.

I. ESPECIFICAÇÕES

O nosso CMMS foi concebido para nos ajudar na gestão das nossas operações de manutenção. Esta assistência é prestada com a ajuda dos seguintes módulos.

1. O módulo Ficheiro

Este módulo deve conter os seguintes submódulos:

i. Entidades susceptíveis de manutenção

Este módulo deve permitir-nos

> Listagem de todos os veículos e outras entidades que podem ser mantidas e respectivas informações complementares: número de matrícula, potência, marca, etc;
> Adicionar novas entidades passíveis de manutenção e modificar informações sobre entidades existentes, bem como eliminar entidades que estejam permanentemente fora de uso;
> Obter o consumo diário de combustível e lubrificantes, a quilometragem e a tonelagem dos veículos;
> Conhecer o estado semanal dos veículos.

ii. Intervenientes

Este submódulo deve permitir-nos

> Enumerar todos os intervenientes e as suas informações complementares: número de referência, nome e apelido, especialidade, etc;
> Acrescentar os novos intervenientes recrutados, bem como as suas informações complementares;

- Fazer a chamada diária dos intervenientes e guardar os ficheiros;
- Poder visualizar os ficheiros de chamada previamente guardados e também modificá-los.

iii. Condutores de camiões

Este módulo deve:

- Fornecer uma lista de todos os condutores e as suas informações complementares: número de referência, nome próprio e apelido, número de telefone, etc;
- Fornecer uma lista da condução diária dos veículos pelos condutores.

Para além dos sub-módulos do módulo de ficheiros acima referidos, este módulo deve também permitir-nos

iv. Importar e exportar dados de e para os ficheiros de sistema do nosso computador;

v. Preencher, guardar e aceder a formulários de declarações após acidentes;

vi. Configurar a impressora para eventual impressão de ficheiros do nosso sistema;

vii. Ver informações sobre a empresa: HYSACAM.

2. O módulo de manutenção preventiva

Este módulo deve permitir-nos

- Visualizar e preencher formulários de intervenção e guardá-los;
- Programar tarefas de manutenção preventiva e também visualizar as tarefas programadas;
- Ativar alertas para tarefas de manutenção preventiva programadas que estão a vencer;
- Preencher formulários para veículos que foram submetidos a verificações de rotina e guardar os ficheiros que podem ser acedidos mais tarde;
- Modificar, imprimir e também apagar todos os vários ficheiros que foram guardados neste módulo.

3. O módulo de manutenção reactiva

Este módulo, por seu lado, deve permitir-nos:

- Preencher, listar e imprimir ordens de trabalho;
- Preencher e guardar os formulários de intervenção reactiva;
- Preencher e guardar formulários de reparação de pneus;
- Lista de todas as falhas declaradas indicadas pelos condutores;
- Preencher, guardar e imprimir formulários de relatórios de intervenção;
- Visualizar a lista de todas as intervenções efectuadas pelos veículos e os respectivos relatórios (relatórios de intervenção);

4. Módulo de gestão de stocks

Neste módulo, devemos ser capazes de:

- Consultar o stock de peças sobressalentes e outros artigos;
- Gerir a entrada de existências, ou seja, registar todas as entradas nas existências;
- Gerir as saídas de stock, ou seja, registar todos os artigos que saem do stock;
- Preencher, guardar e imprimir formulários de encomenda;
- Consultar a lista de todas as ordens de compra já efectuadas;
- Listar todos os fornecedores e as suas informações complementares, bem como adicionar, modificar e eliminar fornecedores
- Registar as entregas.

5. Módulo de base de dados

Neste módulo, devemos ter uma base de dados de:

- Veículos;
- Intervenientes;
- Condutores;
- Desmembramentos.

6. Módulo de ajuda

O módulo de ajuda deve ser capaz de nos ajudar a utilizar o nosso sistema e também de nos dar informações sobre o sistema (versão, ano de conceção, etc.).

II. MODELAÇÃO DE DADOS

1. Dicionário de dados

Depois de termos feito uma análise da declaração da necessidade, fomos levados a uma definição de um dicionário de dados para as bases de dados do nosso sistema. (Tabela 4 abaixo)

Quadro 4: Dicionário de dados

Entities	Attributes	Description	type
General Maintenance Database			
Carburants (fuels)	Code_carburant	Fuel code	Text
	Type_carburant	Fuel type	Text
Conducteurs (drivers)	Matricule_conducteur	Reference number of a driver	Text
	Nom_conducteur	First name of a driver	Text
	Prénom_conducteur	Surname of a driver	Text
	No_tel_conducteur	Telephone number of a driver	Number
	Informations_conducteur	Additional information about a driver	Text
Défaillances (breakdowns)	Code_défaillance	Code of a breakdown	Text
	Nature_défaillance	The nature of a break-down (mechanical, electrical, ...)	Text
	Causes_extrinsèque_défaillance	Extrinsic causes of a breakdown	Text
	Causes_intrinsèque_défaillance	Intrinsic causes of a breakdown	
	Manisfestations_défaillance	Manifestation of a breakdown	Text
	Consèquences_défaillance	Consequences of a breakdown	
Etat du parc (State of vehicles)	No_fiche_parc	Form number	Number
	No_véhicule	Vehicle number	Text
	Nature_de_la_panne	State of a vehicle	Text
	Date_d'arret	Stopping date	Date/Time
	Observations_sur_l'état	Obsevations made	Text
	Prévision_sortie	Predictions on possible outflow of parts	Text
Informations entreprise (Enterprise information)	No_contribuable	Taxpayers' number	Number
	Nom_entreprise	Name of enerprise	Text
	Abbréviation_entreprise	Abbreviation	Text
	Siège_social	Head office	Text
	Statut_juridique	Legal status	Text
	Capital	Capital	Number
	Agence	Branch	Text
	Adresse_agence	Branch address	Text
	No_Tel_agence	Telephone number of branch	Number
	Fax_agence	Fax number of branch	Number
	Email_agence	Email address of branch	Text
	Site_web	Website of enterprise	Text
Intervenants	Matricule_intervenant	Reference number of an intervener	Text

(Interveners)	Nom_intervenant	First name of an intervener	Text
	Prénom_intervenant	Surname of an intervener	Text
	Fonction_intervenant	Function (or specialty) of an intervener	Text
	No_tel_intervenant	No_tel_intervenant	Number
Interventions	No_intervention	Intervention form number	Number
	Fiche_ouverte_par	Form opened by	Text
	Date_début_intervention	Start date of an intervention	Date/time
	Date_fin_intervention	End date of an intervention	Date/time
	cause_de_l'intervention	Cause of the intervention	Text
	Travaux_à_effectuer	Work to be done	Text
	Type_d'intervention	Type of intervention	Text
	Heure_début_intervention	Start time of an intervention	Date/time
	Heure_fin_intervention	End time of an interevetion	Date/time
	Date_jour	Date of day of intervention	Date/time
	Nature_d'intervention	Nature of an intervention	Text
	Essais_effectués	Tests done	Boolean (Yes/No)
	Commentaires_intervention	Comments on an intervention	Text
	Code_lubrifiant	Code of a lubricant used during an intervention	Text
	Type_lubrifiant	Type of lubricant	Text
	Qnté_lubrifiant	Quantity of lubricant used	Number
	Référence_pièce	Reference of a part used during an intervention	Text
	Désignation_pièce	Designation of a part	Text
	Qnté_pièce	Quantity of parts used	Number
Kilométrage/tonnage (Mileage/tonnage)	ID_Km_tonnage	Identity number	Number
	No_véhicule	Vehicle number	
	Kilométrage	Mileage done by a vehicle	Number
	Tonnage	Tonnage done by a vehicle	Number
	Date_du_jour	Date of day	Date/time
Lubrifiants (Lubricants)	Code_lubrifiant	Code of a lubricant	Text
	Désignation_lubrifiant	Designation of a lubricant	Text
	Type_lubrifiant	Type of lubricant	Text
Ordres de travail (Work orders)	No_ordre	Work order number	Number
	Ordre_donné_par	Order given by	Text
	Date_d'OT	Date order is given	Date/time
	Nature_travail	Nature of work to be done	Text

	Travail_à_faire	Work to be done	Text
	Heure_début	Start time	Date/time
	Commentaires_d'OT	Comments on the work order	Text
Pièces de rechange (Spare parts)	Code_pièce	The enterprise's code for a part	Number
	Référence_pièce	The enterprise's reference for a part	Text
	Désignation_pièce	Designation of a part	Text
	Type_pièce	Type of part (mechanical, hydraulic, ...)	Text
	Prix_unitaire_pièce	Unit price of a part	Number
Prévention-véhicules (Prevention-vehicles)	No_fiche	Form number	Number
	No_véhicule	Number of vehicle on which preventif maintenance is done	
	Visité?	Visited	Boolean (Yes/No)
	Observations	Observations	Text
	Semaine_du	Week of	Text
Rapports d'intervention (intervention reports)	Rapport_No	Report number	Number
	Système/Outillage	System/tooling used	Text
	Date_rapport	Date report is done	Date/Time
	Heure_rapport	Hour report is done	Date/Time
	No_véhicule	Number of vehicle	Text
	Cause_de_l'intervention	Cause of the intervention	Text
	Nom_conducteur_instructeur	Name of the driver that declared the fault	Text
	Nature_d'intervention	Nature of intervention	Text
	Code_lubrifiant	Code of the lubricants used during the intervention	Number
	Type_lubrifiant	Type of lubricant	Text
	Qnté_lubrifiant	Quantity of lubricant used	Number
	Référence_pièce	Reference of parts used in the intervention	Text
	Désignation_pièce	Designation of the parts used	Text
	Qnté_pièce	Quantity of parts used	Number
	Noms_intervenants	Name of the interveners	Text
	Solution_apportée	Solution brought forth	Text
	Essais_effectués	Tests done	Boolean (Yes/No)
	Commentaires_rapport	Comments	Text
Relevé après accidents	ID_rélevé	Identity number of a statement	Number

(Statements after accidents)	No_véhicule	Number of he vehicle involved	Text
	No_d'immatriculation	Registration number of the vehicle involved	Text
	Matricule_conducteur	Reference number of driver involved	Text
	Nom_conducteur	Name of driver	Text
	Accident/incident	Accident/incident	Text
	Cout_des_dégats	Cost of damages	Number
	Responsabilité_du_conducteur	Responsibility of the driver	Boolean (Yes/No)
Réparation des pneus (Tire repairs)	No_registre	Register number	Number
	No_véhicule	Vehicle number	Text
	No_Km	Mileage at time of repair	Number
	No_BSM	BSM number	Number
	Date_jour	Date of day	Date/Time
	Matricule_intervenant	Reference number of intervener	Text
	Nom_intervenant	Name of intervener	Text
	Heure_de_la_panne	Hour of fault	Date/Time
	Début_réparation	Start time of repairs	Date/Time
	Fin_réparation	End time of repairs	Date/Time
	Position_du_pneu	Position of tire	Text
	Dimensions_pneu	Dimensions of tire	Text
	No_pneu_crevé	Number of punctured tire	Text
	No_du_meme_pneu_réparé	Number of same tire repaired	Text
	Pneu_neuf (sortie_magasin)	New tire from store room	Text
	No_pneu_réparé(sortie_magasin)	Number of repaired tire from store room	Text
	Pneu_à_faire_réparer	Tire to be repaired	Text
	Pneu_hors_service	Tire beyond repairs	Boolean (Yes/No)
	No_pneu_prélevé	Number of tire removed	Text
	Commentaires_réparation	Comments	Text
Véhicules (vehicles)	No_véhicule	Code accorded to a vehicle by the enterprise	Text
	No_immatriculation	Registration number of a vehicle	Text
	Type_ véhicule	Type of garbage collection vehicle	Text
	Puissance_ véhicule	Power of a vehicle in Horse Powers (HP)	Text
	Marque_véhicule	Mark of a vehicle	Text

	Date_d'arrivée	Arrival date	Date/time
	Informations_véhicule	Additional information about a vehicle	Text
Stock management database			
Articles	Référence_article	Reference of an article	Text
	Code_article	Code of an article	Number
	Désignation_article	Designation of an article	Text
	Type_article	Type of article	Text
	Prix_unitaire_article	Unit price of an article	Number
	Qnté_en_stock	Quantity in stock	Number
	Stock_de_sécurité	Security stock	Number
Demandeurs (seekers)	Matricule_demandeur	Reference number of a seeker	Text
	Nom_demandeur	Name of seeker	Text
	Prénom_demandeur	Surname of seeker	Text
	Fonction_demandeur	Function (specialty) of seeker	Text
	No_tel_demandeur	Telephone number of a seeker	Number
	Informations_demandeur	Additional information about seeker	Text
Entités maintenables (maintenable entities)	No_entité_maintenable	Number of a maintenable entity	Text
	No_immatriculation	Registration number	Text
	Type_entité_maintenable	Type of maintenable entity	Text
	Marque_entité_maintenable	Mark of maintenable entity	Text
	Puissance_entité_maintenable	Power of maintenable entity	Text
	Date_d'arrivée	Arrival date	Date/time
	Informations_entité_maintenable	Additional information	Text
Fournisseurs (Suppliers)	ID_fournisseur	Supplier identity	Text
	Nom_fournisseur	Name of a supplier	Text
	Adresse_fournisseur	Address of a supplier	Text
	Ville_fournisseur	Town of qa supplier	Text
	No_tel_fournisseur	Telephone number of a supplier	Number
	No_fax_fournisseur	Fax number of a supplier	Number
	Email_fournisseur	Email of a supplier	Text
	Site_web_fournisseu	Website of a supplier	Text
Securite (Security)	Nom_utilisateur	Username	Text
	Mot_de_passe	Password	Text

2. Modelo Conceptual de Dados (MCD) e Modelo Conceptual de Processamento (MCT)

Após a definição do dicionário de dados que apresenta todas as entidades das nossas bases de dados, os seus atributos ou propriedades, descrição e tipos de dados correspondentes, passamos agora a apresentar o MCD (figura 9 e figura 10) e o MCT (figura 11 e figura 12).

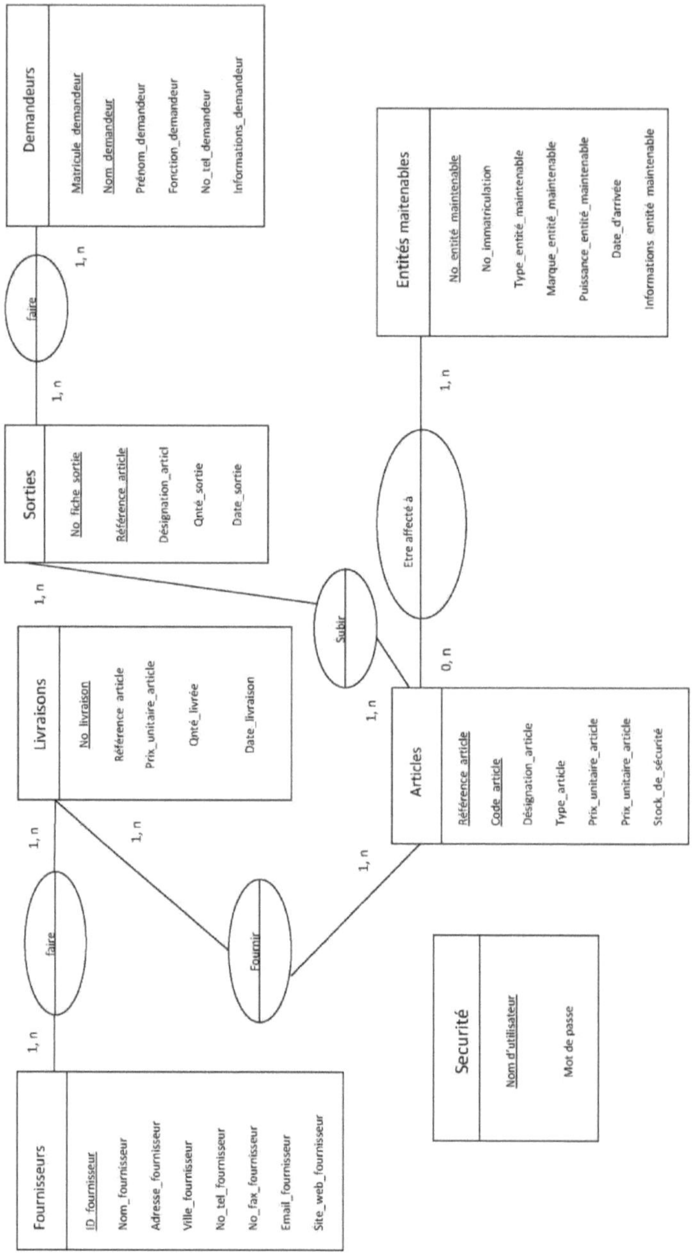

Figura 9: Modelo concetual de dados Gestão de stocks

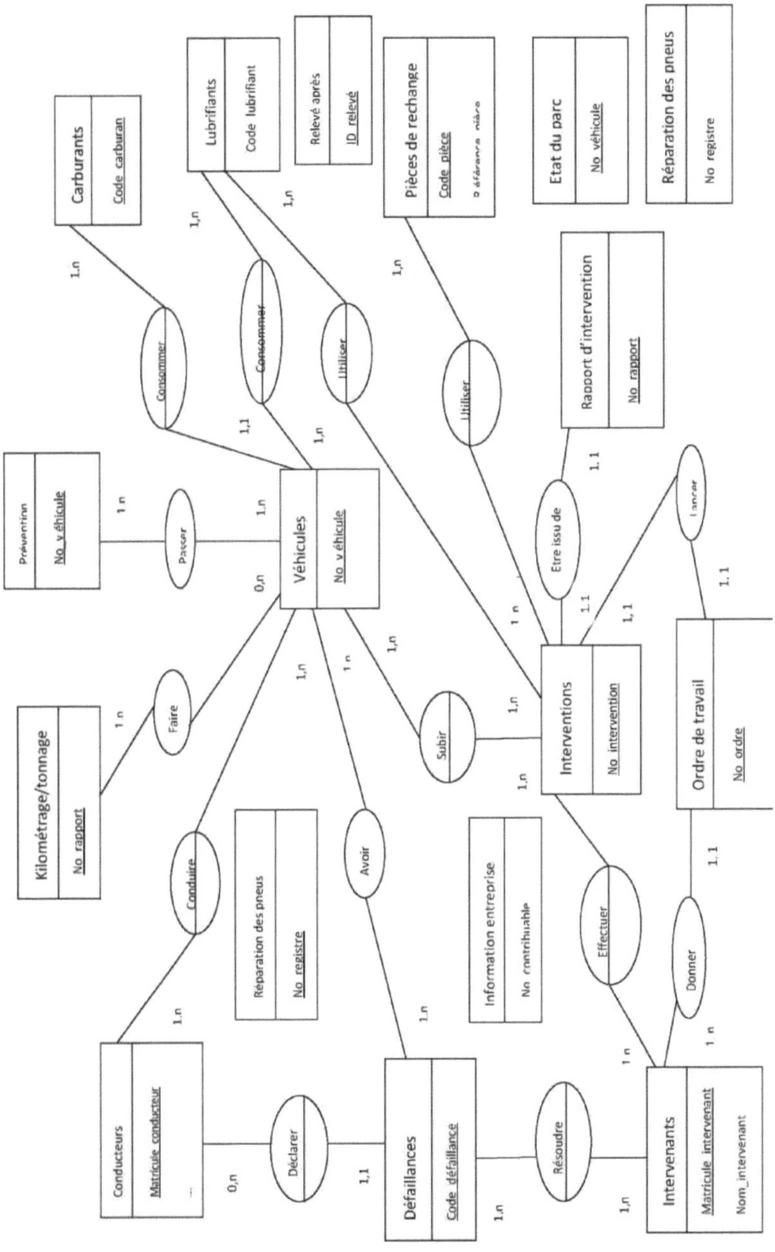

Figura 10: Modelo concetual de dados para a manutenção geral

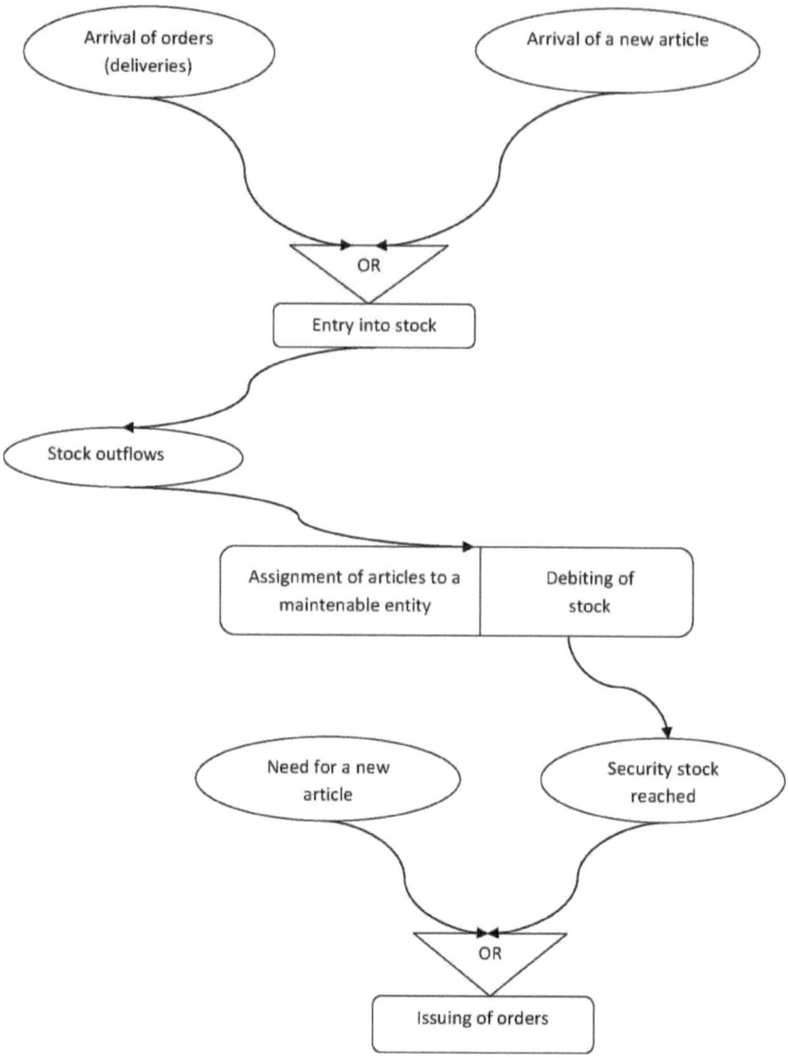

Figura 11: Modelo de processamento de dados para o stock

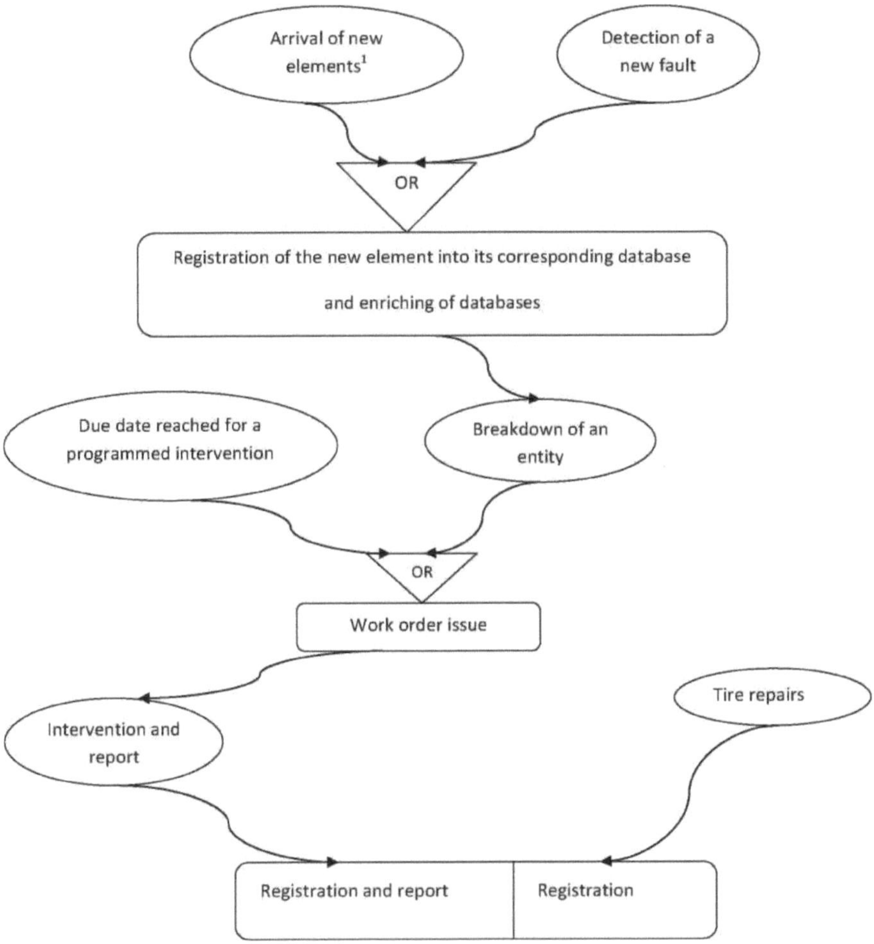

Figura 12: Modelo de processamento de dados para a manutenção geral

3. Modelo de dados lógicos (MLD)

Os modelos de dados lógicos que obtivemos a partir dos modelos de dados conceptuais com a ajuda do Microsoft Office Access 2007 são os apresentados nas figuras (figuras 13 e 14) abaixo.[1]

[1] Os novos elementos referem-se aqui a novos intervenientes, entidades que podem ser mantidas, condutores e peças sobresselentes.

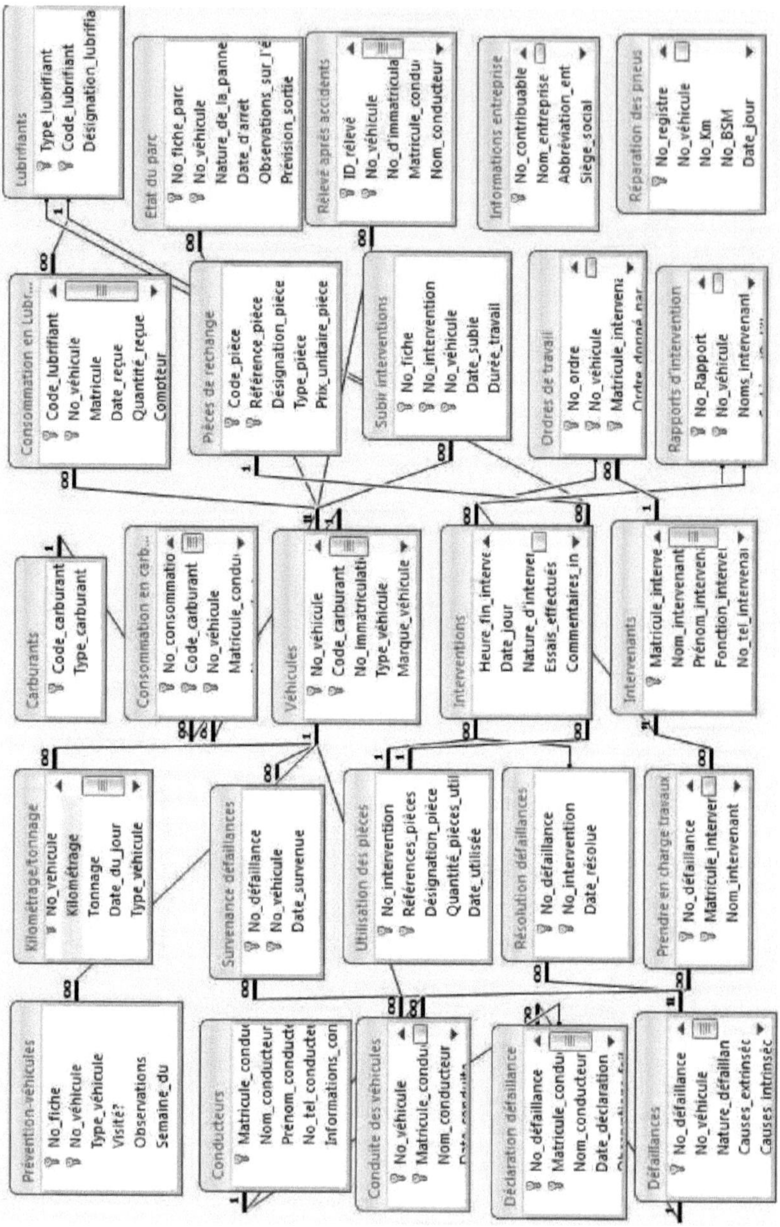

Figura 13: Modelo lógico de dados da base de dados geral de manutenção

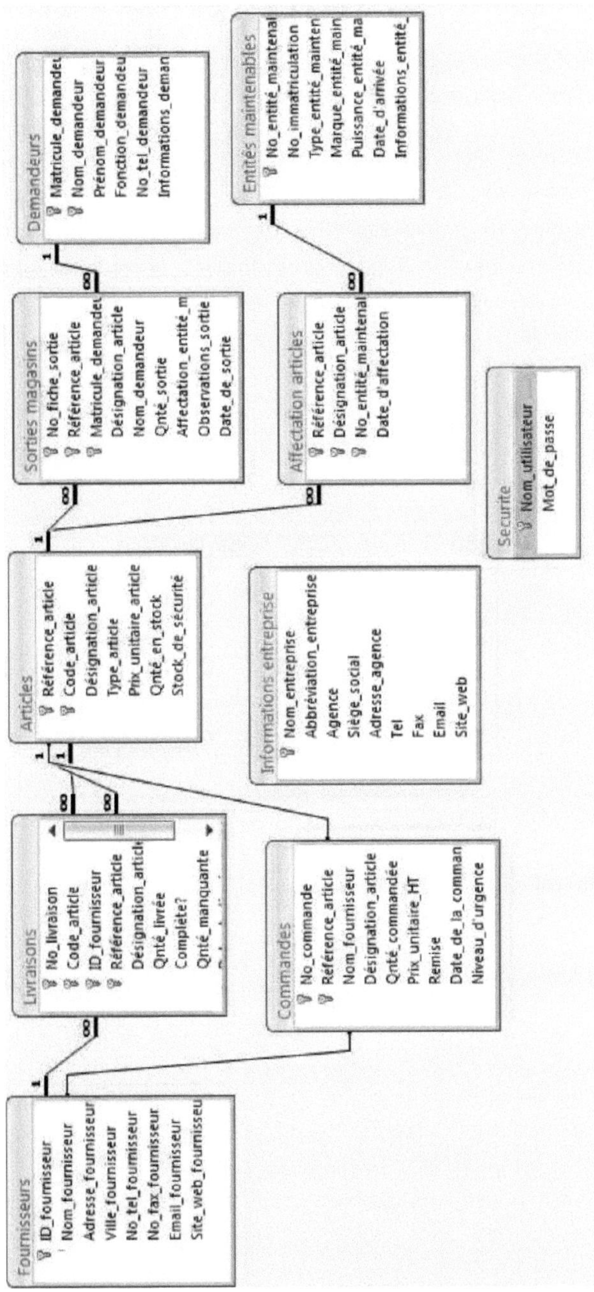

Figura 14: Modelo lógico de dados da base de dados de gestão de stocks

CAPÍTULO 5

O

SISTEMA INFORMATIZADO DE GESTÃO DA MANUTENÇÃO

: APRESENTAÇÃO DO SISTEMA

A aplicação que concebemos e que constituiu o nosso CMMS chama-se "*MaintoExpress*". A maior parte das interfaces do sistema, ou seja, os formulários, foram concebidos a partir dos diferentes formulários que eram utilizados no sistema manual aquando da nossa chegada à empresa. Estes formulários manuais encontram-se em anexo a este trabalho

I. A janela de boas-vindas

A janela de boas-vindas é apresentada sob a forma de um formulário de identificação onde o utilizador introduz o seu nome de utilizador e a sua senha antes de aceder à janela principal do sistema (ver figura 15 abaixo).

Figura 15: Janela de boas-vindas

II. A janela principal

Depois de o nome de utilizador e a palavra-passe terem sido introduzidos e validados, é apresentada a janela principal. (Figura 16)

Figura 16: Janela principal

É a partir desta janela que podemos aceder aos diferentes módulos do nosso sistema. É constituída por:

1. **O ficheiro Módulo**

A partir do módulo ficheiro (ao qual se acede com um clique no item de menu ficheiro), é possível aceder:

i. **As entidades que podem ser mantidas Menu**

Ao clicar neste menu, aparece a seguinte janela (figura 17).

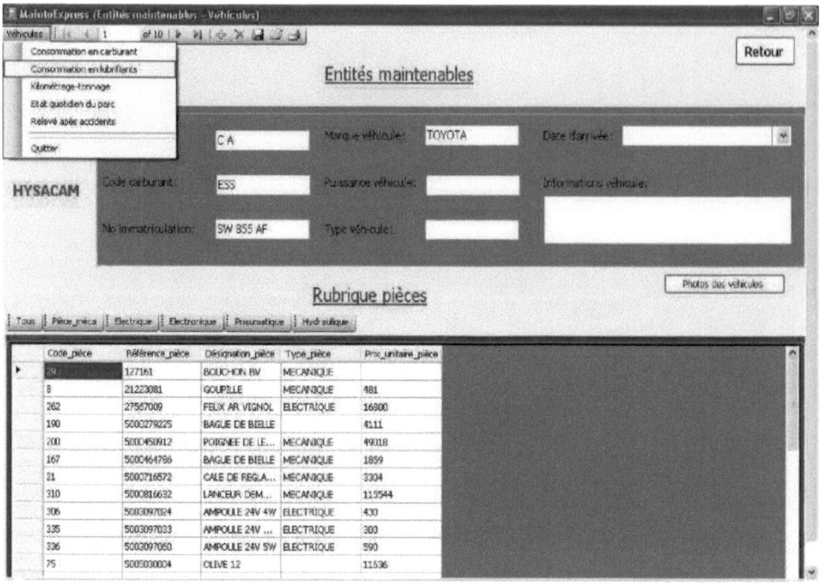

Figura 17: A janela das entidades susceptíveis de manutenção

A partir desta janela, obtém-se informação relativa a cada uma das entidades. Esta janela tem comandos que são utilizados para percorrer a informação de acordo com as diferentes entidades que podem ser mantidas, adicionar entidades, eliminar e guardar novas entidades, bem como imprimir o formulário atual. Existe também uma rubrica para as diferentes peças sobresselentes dos veículos. Também é composto por menus de um clique onde podemos obter o consumo de combustível e de lubrificantes para cada uma das entidades responsáveis pela manutenção, a sua quilometragem e tonelagem, o estado diário dos veículos, bem como, em caso de acidente, a declaração após o acidente (figuras 18, 19, 20, 21 e 22 abaixo). As janelas de consumo de combustível e consumo de lubrificante têm comandos de consulta personalizados a partir dos quais se pode obter o consumo de cada entidade mantenedora e de cada tipo de entidade mantenedora. A janela tonelagem/quilometragem também dispõe de comandos de consulta personalizados que permitem obter a tonelagem/quilometragem de cada entidade e de cada tipo de entidade. Em todas estas janelas existem comandos para percorrer os registos, adicionar, eliminar e guardar novos registos.

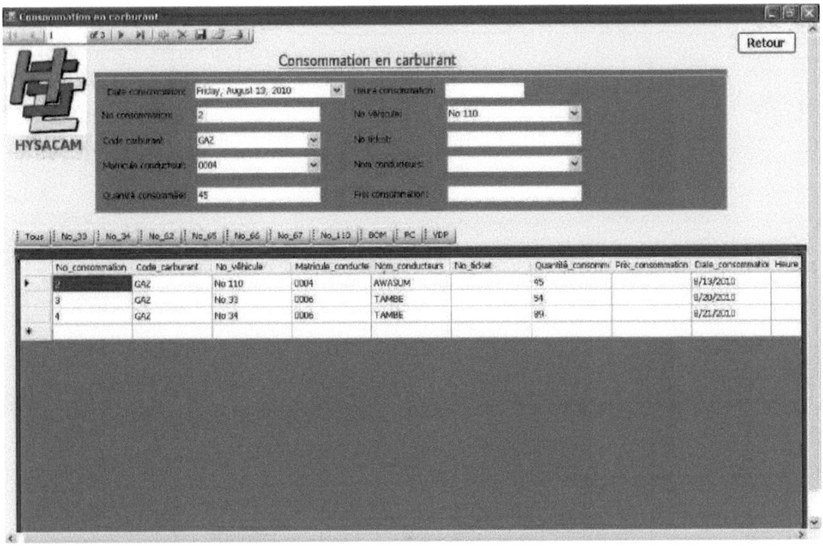

Figura 18: Janela de consumo de combustível

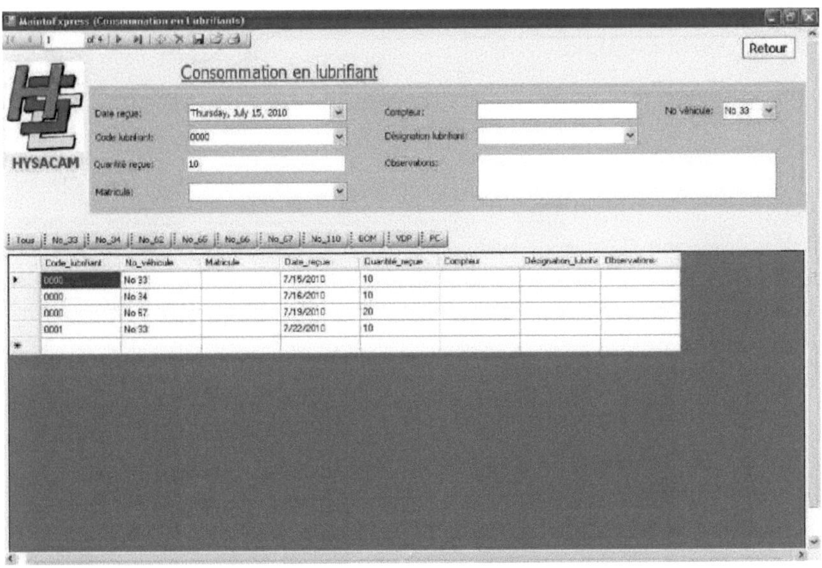

Figura 19: A janela de consumo de lubrificante

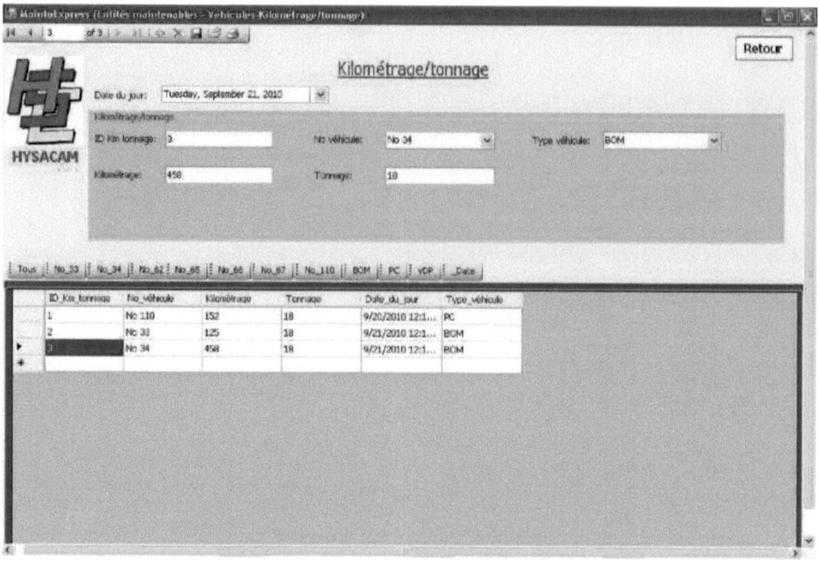

Figura 20: A janela de tonelagem/quilometragem

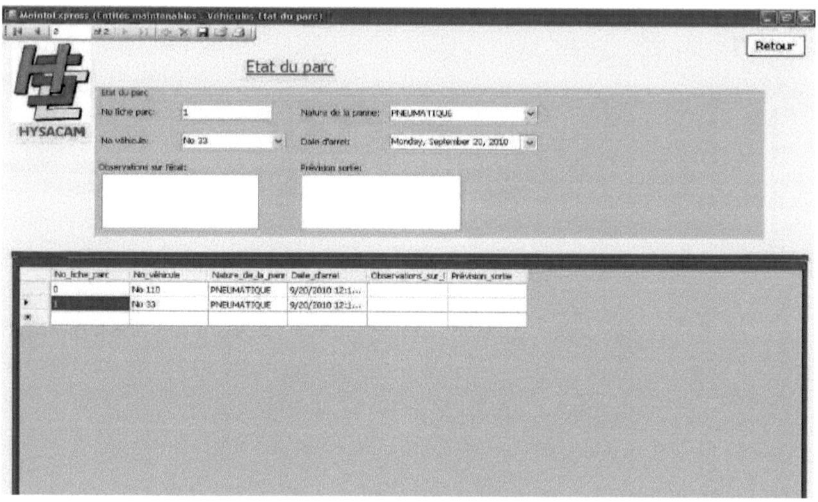

Figura 21: O estado diário da janela do veículo

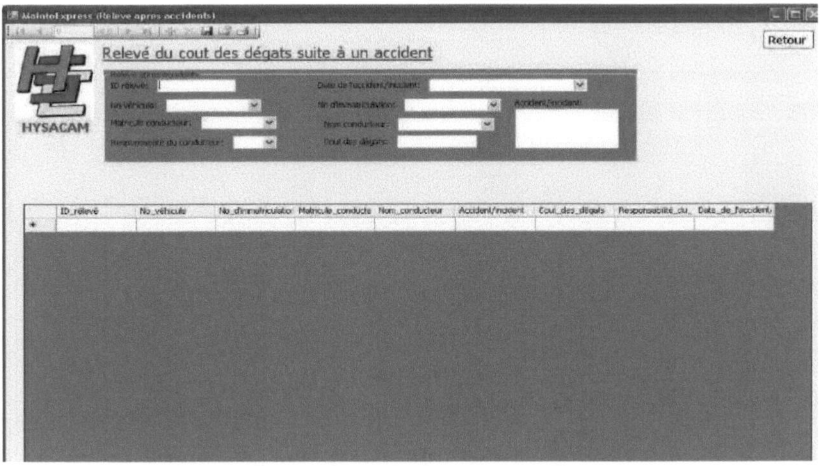

Figura 22: A declaração após o acidente/incidente Janela

A partir da janela da entidade que pode ser mantida, podemos também visualizar os três tipos diferentes de veículos utilizados para a recolha de resíduos, clicando no comando "photos des vehicules" que apresenta a seguinte janela (figura 24).

Figura 23: Galeria dos camiões de recolha de resíduos

ii. O menu dos intervenientes:

Ao clicar neste menu, aparece a janela abaixo (figura 24):

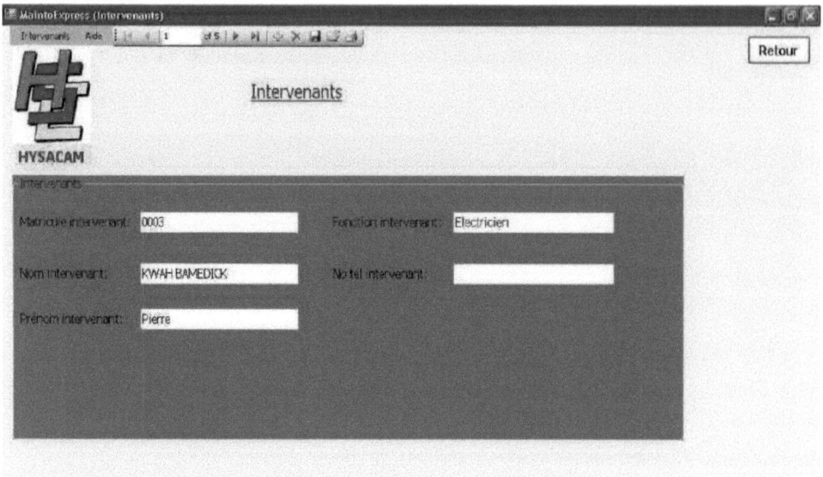

Figura 24: A janela dos intervenientes

A partir desta janela, é possível visualizar as informações relativas a cada um dos intervenientes do serviço de manutenção, acrescentar e guardar as informações relativas aos novos intervenientes. A eliminação de um interveniente pode também ser efectuada, bem como a impressão da vista atual do formulário.

iii. O menu dos camionistas

Este menu dá-nos a possibilidade de navegar para a janela mostrada na figura abaixo (figura 25) para visualizar informações sobre os condutores.

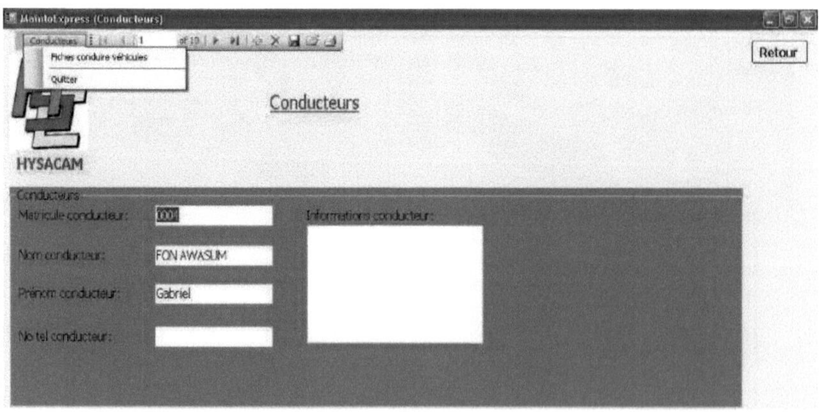

Figura 25: A janela dos condutores

A partir desta janela, podemos também visualizar a informação relativa à tomada a cargo diária dos veículos pelos mergulhadores. Para tal, basta clicar uma vez no submenu "fiche conduire vehicules" do menu dos condutores desta janela (ver figura 26 abaixo).

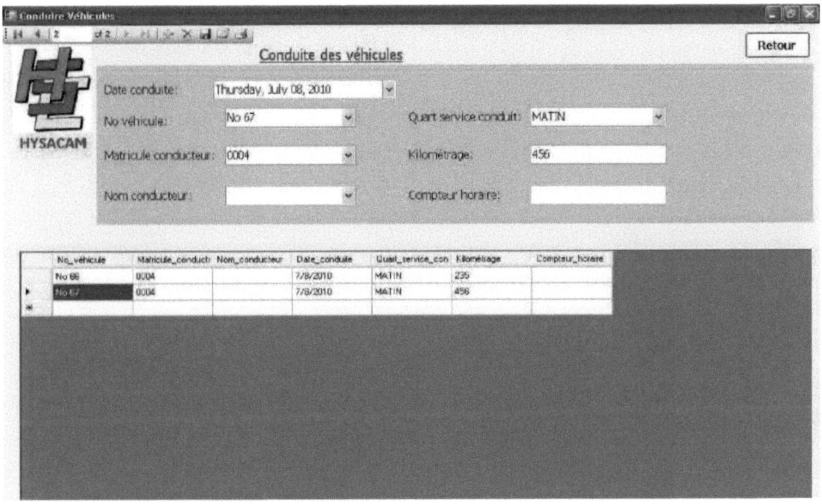

Figura 26: Janela de tomada a cargo dos veículos

iv. A identificação do menu da empresa

Este menu, após um clique, apresenta uma janela que fornece informações sobre o empresa - HYSACAM - na qual este trabalho foi efectuado (ver figura 27).

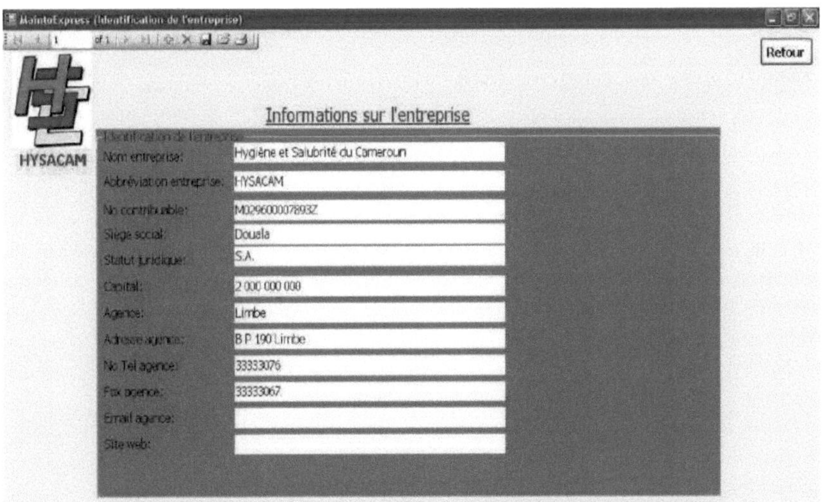

Figura 27: A janela de identificação da empresa

2. O módulo de manutenção preventiva

Este módulo é composto por submenus que são utilizados para visualizar o acesso aos elementos do módulo.

i. Menu do formulário de intervenção

Um clique neste menu faz aparecer um formulário de intervenção que é apresentado na figura 28 abaixo (a janela do formulário de intervenção). A janela contém comandos que nos permitem navegar para o primeiro, o seguinte, o anterior e o último formulário, adicionar e guardar novos formulários, apagar formulários, bem como imprimir a vista atual da janela.

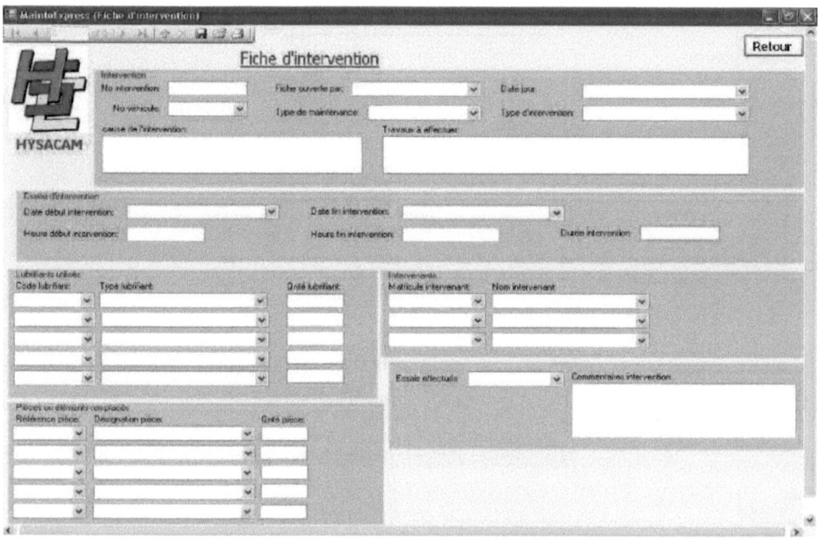

Figura 28: Janela do formulário de intervenção

ii. O Menu de Intervenção Programada

É composto por dois submenus: o submenu de manutenção periódica e o submenu de lubrificação e drenagem de óleo. Um clique em cada um dos menus faz aparecer a respectiva janela, tal como indicado nas figuras (figura 29 e figura 31) abaixo.

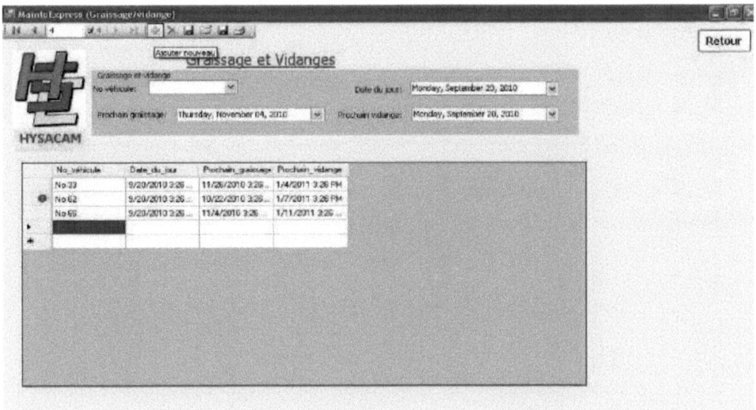

Figura 29: Janela de lubrificação e drenagem de óleo

Tal como as outras janelas, os programas de lubrificação e drenagem podem ser adicionados e guardados, modificados, eliminados e a vista atual da janela pode ser impressa através dos seus comandos correspondentes encontrados na janela.

Quando uma drenagem ou lubrificação programada é devida, o ecrã das janelas de diálogo de alerta de lubrificação e de alerta de drenagem (figuras 30a e 30b) notificam-nos.

Figura 30a: A caixa de diálogo de alerta de drenagem

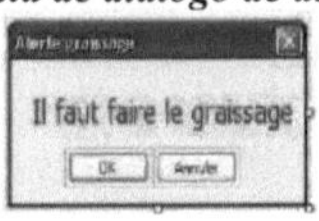

Figura 30b: A caixa de diálogo de alerta de lubrificação

Figura 30: As caixas de diálogo de drenagem e lubrificação

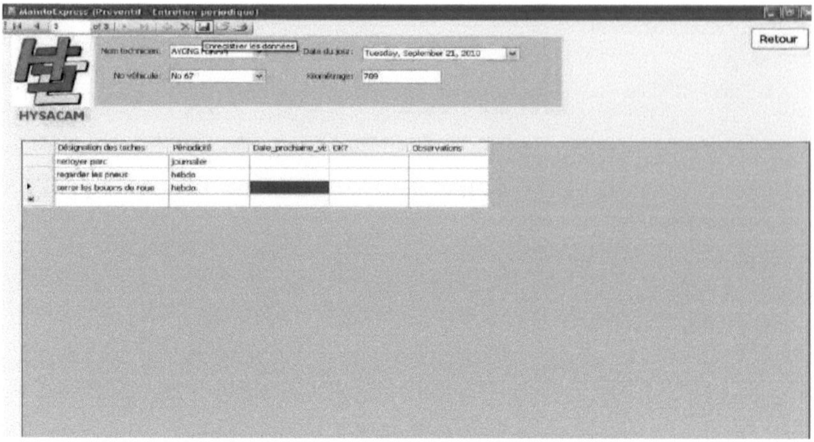

Figura 31: A janela de manutenção periódica

Esta janela permite navegar nas tarefas de manutenção periódica guardadas, adicionar e guardar novas tarefas de manutenção periódica, eliminar tarefas e imprimir a vista atual da janela, utilizando os botões de comando correspondentes.

iii. O menu para veículos que foram submetidos a manutenção preventiva

Um clique neste item de menu mostra uma janela (figura 32) que consiste em comandos para alterar informações existentes, adicionar e guardar novas informações, eliminar informações e imprimir a vista atual da janela

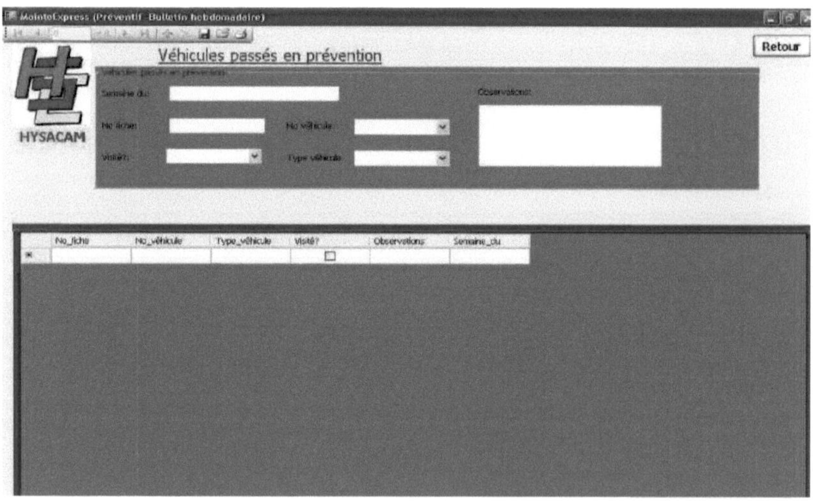

Figura 32: Os veículos que foram submetidos à janela de manutenção preventiva

3. O módulo de manutenção reactiva

Os diferentes elementos deste módulo podem ser acedidos com um clique do rato. É composto por:

i. O menu Ordem de trabalho

Um clique no item de menu mostra uma janela de ordens de trabalho (figura 33) a partir da qual é possível aceder e modificar ordens de trabalho guardadas, adicionar e guardar novas ordens de trabalho, eliminar ordens de trabalho e imprimir uma vista atual da janela, utilizando os botões de comando correspondentes a cada uma destas tarefas.

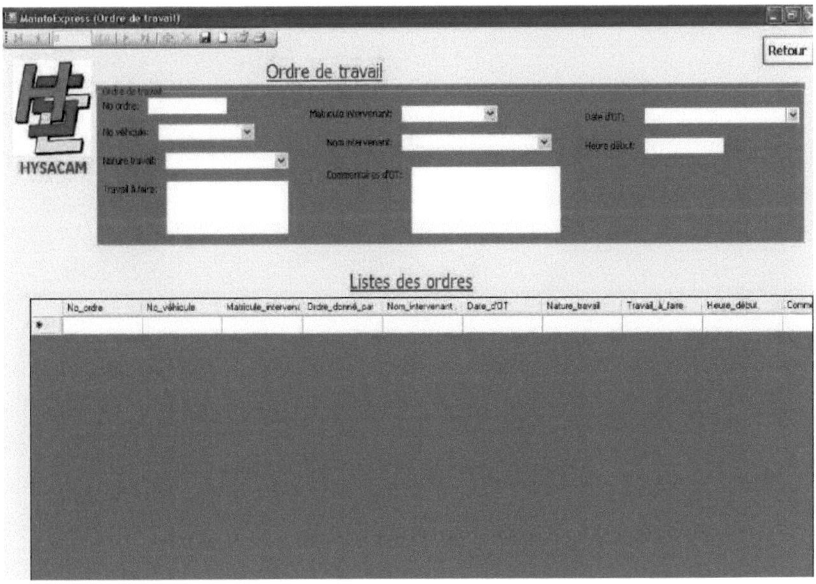

Figura 33: A janela da ordem de trabalho

N.B.: Na verdade, concebemos este formulário porque, à nossa chegada, não existia como os outros que existiam e foram apenas modificados para os incluir no nosso sistema.

ii. Menu do formulário de intervenção

Ao clicar neste item de menu, aparece uma janela idêntica à janela da ficha de intervenção do módulo de manutenção preventiva, com as mesmas funcionalidades (ver figura 28 acima). Não existe qualquer diferença entre estas duas janelas a não ser o facto de o campo "tipo de manutenção" desta janela ser preenchido com o valor "CURATIVA" para este último caso e com o valor "PREVENTIVA" para o primeiro.

iii. O menu Reparação de pneus

Um clique neste menu faz aparecer uma janela que é mostrada na figura 34 abaixo. Trata-se de um formulário para a reparação de pneus que é preenchido e guardado, e de novos formulários que são acrescentados e guardados utilizando os comandos que se encontram na janela. Existe também um comando para imprimir a vista atual da janela.

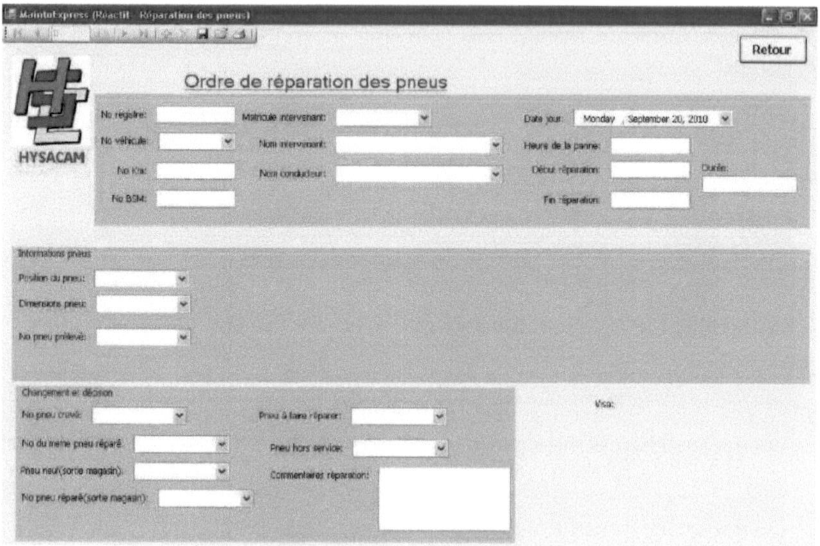

Figura 34: A janela de reparação de pneus

iv. Menu do Relatório de Intervenção

Um clique faz aparecer uma janela (figura 35) que contém os relatórios efectuados após uma intervenção. Tem as mesmas funcionalidades que a janela do formulário de intervenção, ou seja, adicionar, guardar, apagar e imprimir formulários.

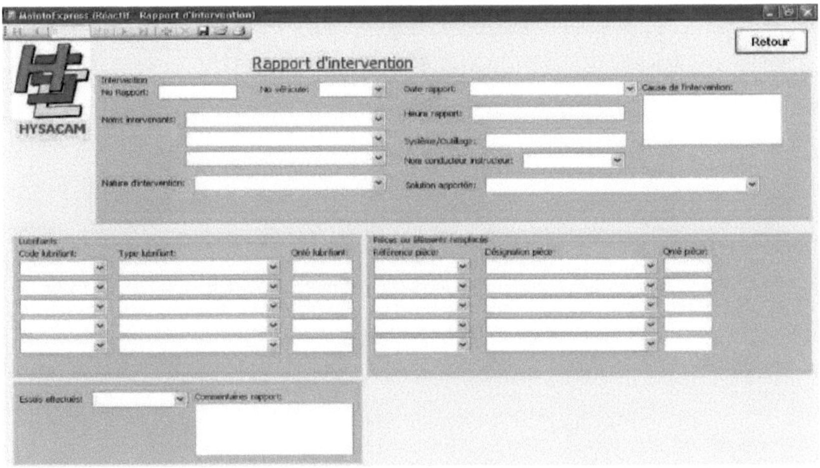

Figura 35: Janela do relatório de intervenção

v. O menu Análise de decomposição:

Quando se clica neste menu, aparece uma janela (figura 36 abaixo). Tal como todas as outras janelas apresentadas anteriormente, esta tem comandos para adicionar, guardar, apagar e imprimir.

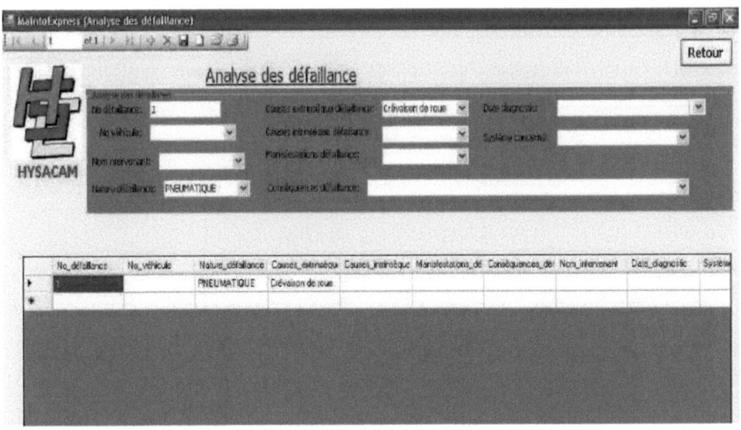

Figura 36: A janela de análise de desagregação

4. O módulo de gestão das existências

Um clique do rato permite aceder aos diferentes submenus deste menu ou módulo. Constitui:

i. O menu de gestão de stocks

Este menu, após um clique, apresenta a janela abaixo (figura 37) que apresenta os diferentes artigos, os seus preços unitários, as quantidades em stock e o seu stock de segurança. Existem comandos para adicionar, guardar e eliminar artigos, bem como para imprimir uma vista atual do formulário.

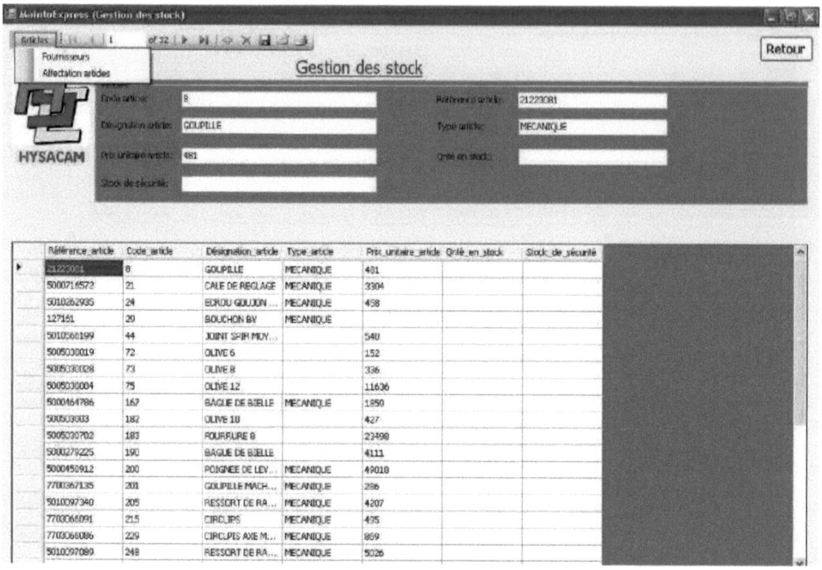

Figura 37: A janela de gestão de stocks

Quando a quantidade em stock desce para ou abaixo das existências de segurança, a caixa de diálogo (figura 38) aparece para nos alertar.

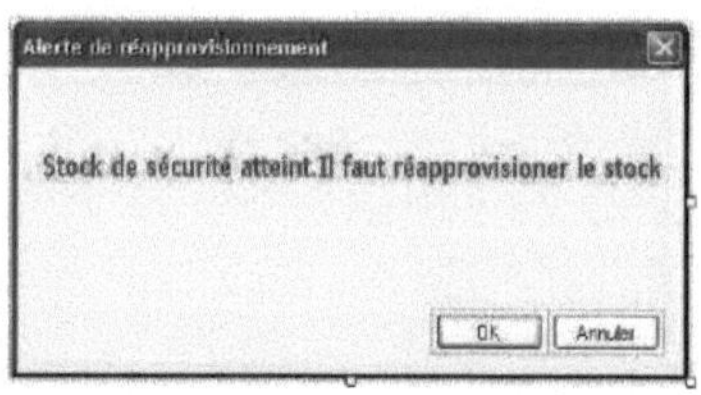

Figura 38: Caixa de diálogo Reabastecer stock

A partir desta janela, é possível visualizar a janela do fornecedor (figura 39), a partir da qual é possível visualizar as informações dos fornecedores, e a janela de atribuição de artigos (figura 40), que mostra qual o artigo atribuído a cada entidade sustentável. Existem também botões de comando para tratar de questões de adição, gravação, eliminação e impressão de formulários.

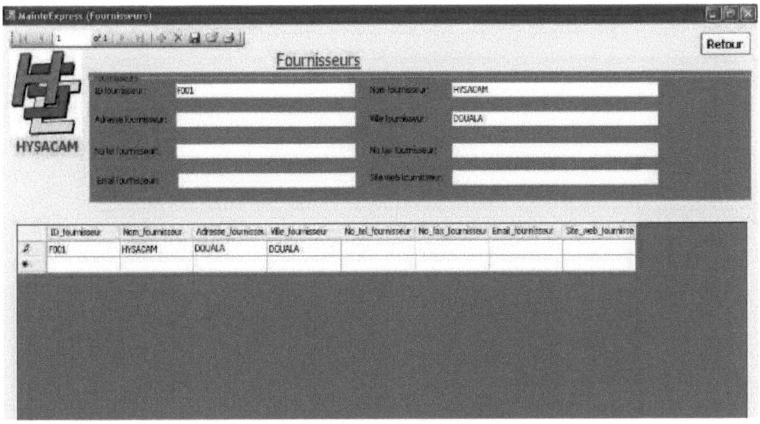

Figura 39: A janela dos fornecedores

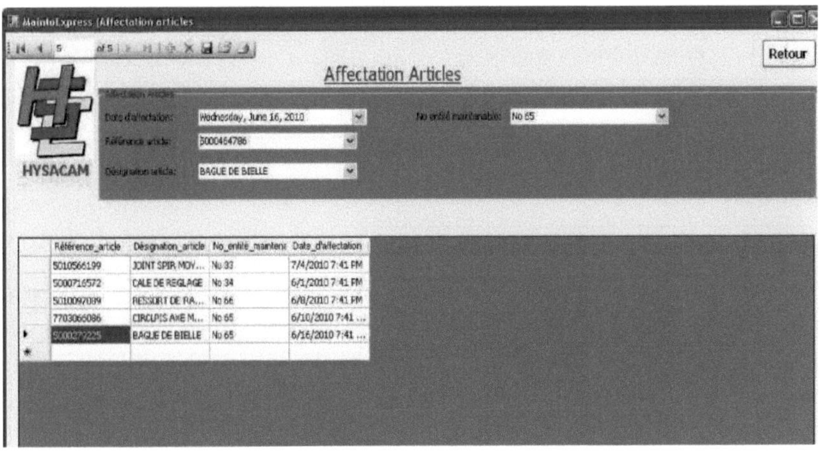

Figura 40: A janela de atribuição de artigos

ii. O menu de entrada de stock

Este menu ao ser clicado faz aparecer a janela de entrada de stock (figura 41) que gere a entrada de stock. As entregas efectuadas são introduzidas no stock através do comando do botão de adição. Além disso, podemos deslocar-nos para ver os artigos em stock, apagar artigos e imprimir a vista atualmente apresentada.

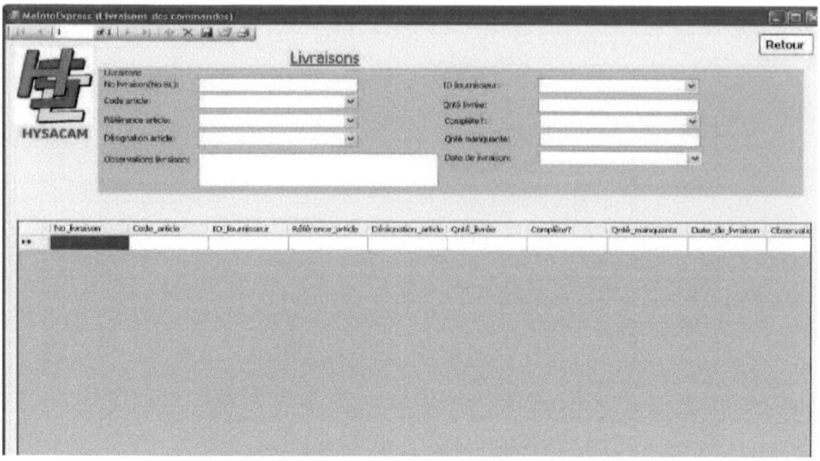

Figura 41: A janela de entrega ou entrada de stock

iii. O menu Ordem de compra

Este menu apresenta a janela (figura 42) que nos permite preencher um pedido de compra com um clique.

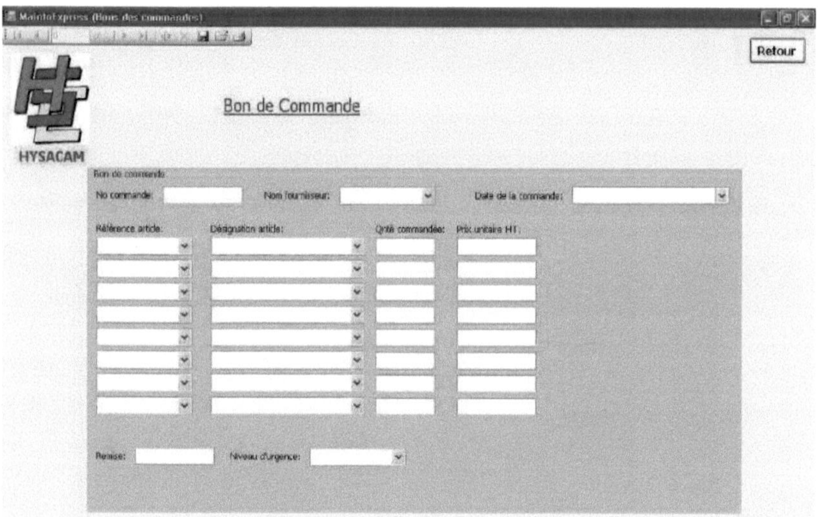

Figura 42: A janela do pedido de compra

5. O módulo de base de dados

Este módulo é composto por cinco sub-módulos (submenus): intervenientes, condutores, veículos, avarias e peças sobressalentes; ao clicar em cada um deles, é apresentada uma janela com uma lista dos elementos presentes em cada uma das bases de dados. Os elementos podem ser modificados, adicionados e guardados, eliminados e a vista atual da janela pode ser impressa utilizando os comandos dos botões correspondentes que se encontram na janela. As figuras seguintes (43, 44, 45, 46 e 47) mostram cada uma das cinco janelas.

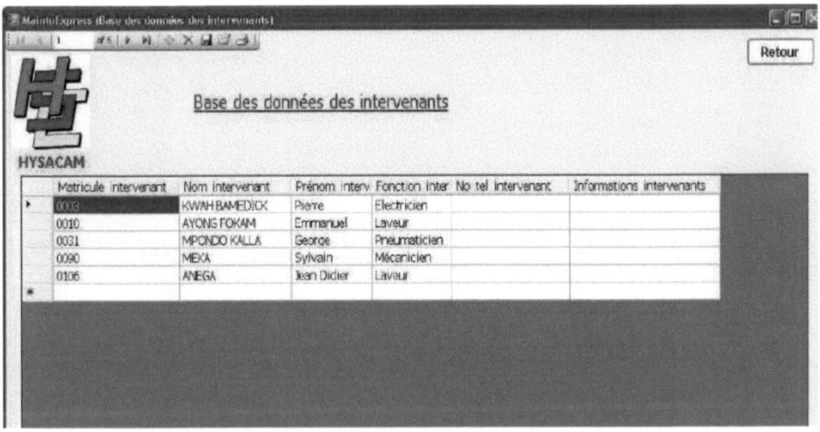

Figura 43: A janela da base de dados do Interveniente

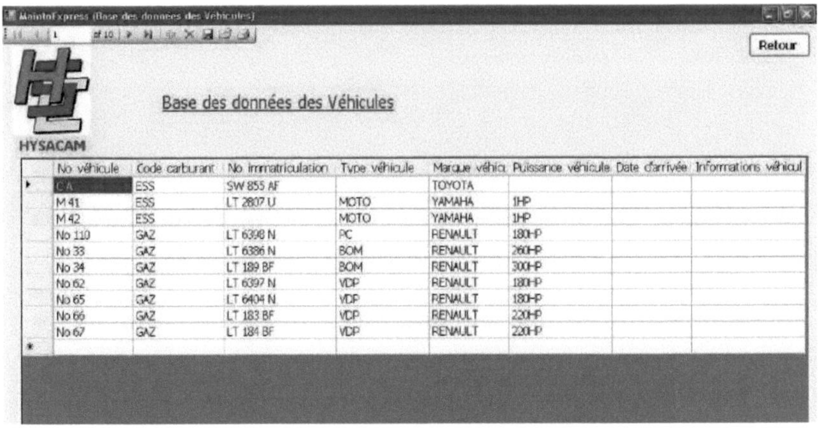

Figura 44: A janela da base de dados Veículos

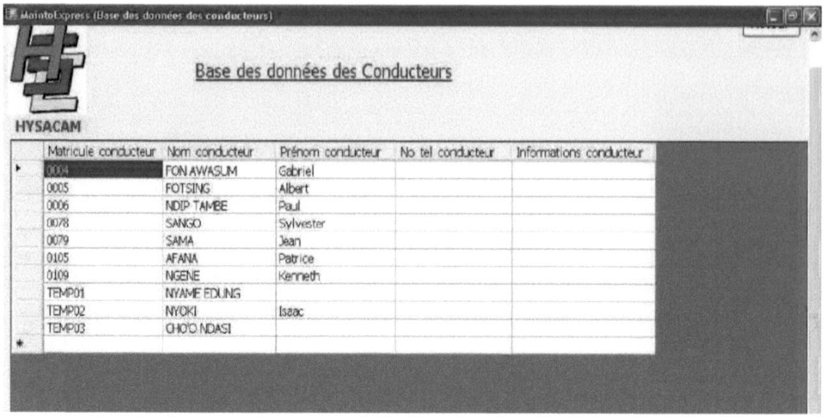

Figura 45: A janela da base de dados de condutores

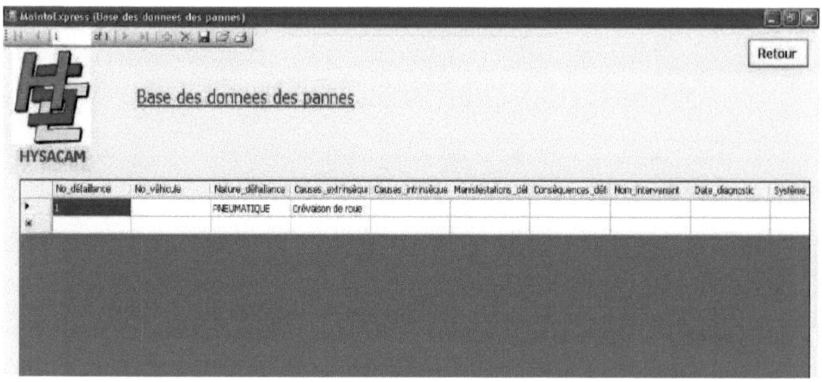

Figura 46: Janela da base de dados de falhas ou avarias

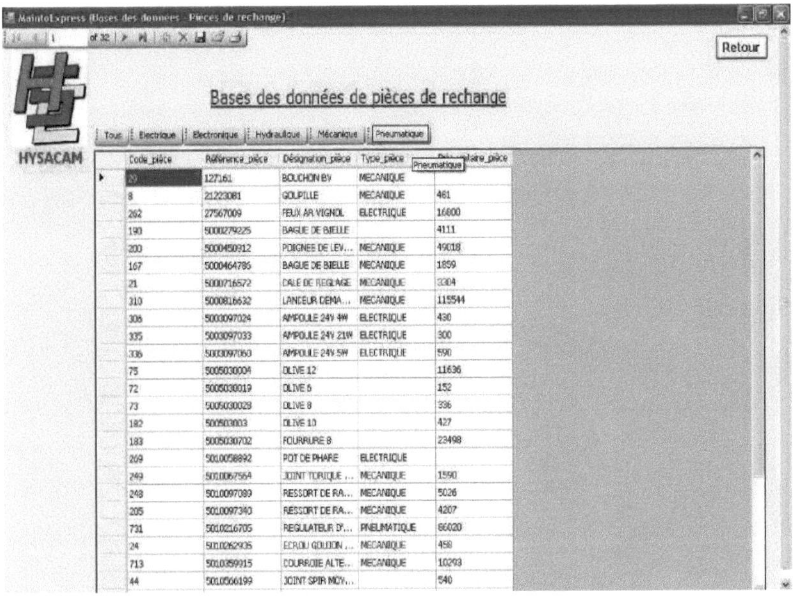

Figura 47: Janela da base de dados de peças sobressalentes

A janela de peças sobressalentes dispõe de comandos de consulta personalizados que permitem visualizar peças de tipos específicos, ou seja, mecânicas, electrónicas, eléctricas, hidráulicas ou pneumáticas.

6. Outros menus

i. O submenu Nome de utilizador e Palavra-passe do menu Segurança

Um simples clique neste menu apresenta uma janela (figura 48) a partir da qual podem ser criadas e guardadas palavras-passe e nomes de utilizador para acesso posterior ao sistema.

Figura 48: A janela de registo do nome de utilizador e da palavra-passe

ii. O menu Acerca de

Este menu, após um clique, apresenta uma janela sobre a caixa (figura 49) que contém informações sobre o nosso sistema: o nome do produto, ou seja, MaintoExpress, a sua versão, o editor e uma descrição do produto.

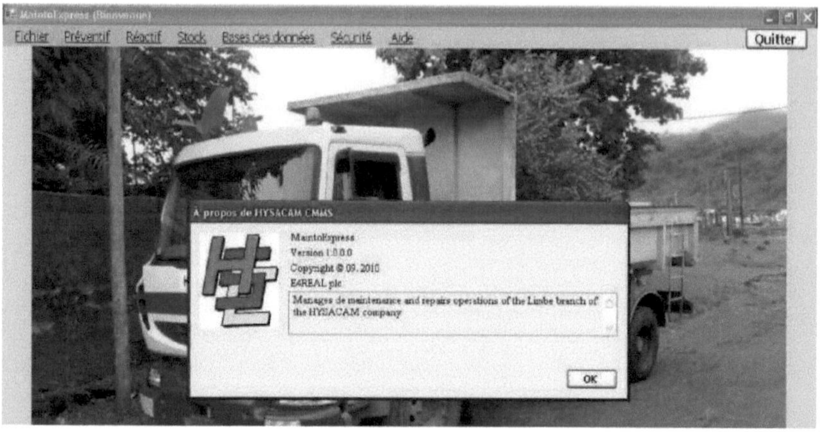

Figura 49: A janela sobre

CONCLUSÃO E PERSPECTIVAS

Recordamos, no final deste trabalho, que se tratava de criar um sistema informático de gestão da manutenção, a fim de reduzir o tempo improdutivo gasto a consultar ficheiros para obter informações e reduzir a enorme burocracia envolvida. Para isso, fixámos dois objectivos:

> 1-A criação de bases de dados de entidades susceptíveis de manutenção
(sendo os camiões de recolha de lixo a principal entidade passível de manutenção), pessoal, peças sobressalentes, existências e outros elementos que complementam a manutenção.

RImplantação destas bases de dados num sistema Windows
mantendo as interfaces da aplicação semelhantes aos formulários manuais que eram utilizados.

A aplicação Windows a que chamámos "*MaintoExpress*" é o resultado que obtivemos.

Em perspetiva, pensamos que o CMMS pode ser melhorado através da inclusão de funcionalidades como

>Um módulo SQL para permitir a introdução de consultas diretamente
do sistema e os resultados apresentados em vez de consultas personalizadas. Isto permitirá que o sistema se torne mais eficiente, uma vez que as consultas não dependerão dos códigos de programa que temos por detrás das nossas consultas personalizadas, que podem tornar-se inválidas se forem efectuadas determinadas modificações nos dados introduzidos nas nossas bases de dados.
>O cálculo e a representação gráfica de
rácios indicativos seguidos pela empresa através da inclusão de formulários estatais na nossa aplicação que desenharão automaticamente estes gráficos. Estamos a falar do:

-A tonelagem média por veículo e por cada tipo de
veículo

-Quilómetros percorridos por tom para cada veículo e para
cada tipo de veículo;

-Litros de combustível consumidos por tonelada de resíduos recolhidos
para cada veículo e cada tipo de veículo;

-Litros de combustível consumidos por cada volta efectuada ao aterro
para cada veículo e cada tipo de veículo.

-Litros de lubrificante consumidos por tonelada de resíduos
recolhidos para cada veículo e para cada tipo de veículo.

O sistema também pode ser melhorado através da fusão das duas bases de dados a partir das quais o nosso sistema foi concebido numa só, para nos permitir gerir melhor a base de dados.

REFERÊNCIAS

[1] **Serviço de exploração**, (setembro de 2009) "*Arquivos HYSACAM*".

[2] **HENG Jean**, (2005), *Pratique de la Maintenance Preventive,* deuxieme edition, editions DUNOD.

[3] **D. Khaled Belmadhi**, (2006), *Técnica de Manutenção*, Segunda Edição, Universite Pierre et Marie Curie - Paris VI, Paris.

[4] **Ricky Smith, R. Keith Mobley**, (2003), *Industrial Machinery Repair: Guia de bolso das melhores práticas de manutenção*, Butterworth-Heinemann.

[5] *Guia de Boas Práticas de Operações e Manutenção: A Guide to Achieving Operational Efficiency*, Release 3.0.

[6] **Mike Crain**, *The Role of CMMS: A white paper on the selection and implementation of computerized maintenance management systems*, Northern Digital Inc.

[7] *Guia de Melhores Práticas de Operações e Manutenção, Capítulo 4 Sistemas Informatizados de Gestão da Manutenção*, Versão 2.0.

[8] **Jean Patrick MATHERON**, (2005), Comprendre *Merise*, EYROLLES, Paris.

[9] **Tim Haithcoat**, *Database Design*, Universidade de Missouri Columbia.

[10] **Instructional Services at KU Libraries**, (2007), *Database Design: Projeto prático de bases de dados para sistemas de gestão de bases de dados relacionais*, Universidade do Kansas.

[11] **Kamla Vivien C.**, *Informática 3, Notas de aula*, ENSAI Ngaoundere, 2010.

MIX
Papier aus verantwortungsvollen Quellen
Paper from responsible sources
FSC® C105338

Printed by Books on Demand GmbH, Norderstedt / Germany